本书为2015年度国家体育总局体育哲学社会科学研究一般项目"公民体育权的宪法保障研究"（课题编号：2131SS15018）的最终成果

# 公民体育权研究

高景芳◎著

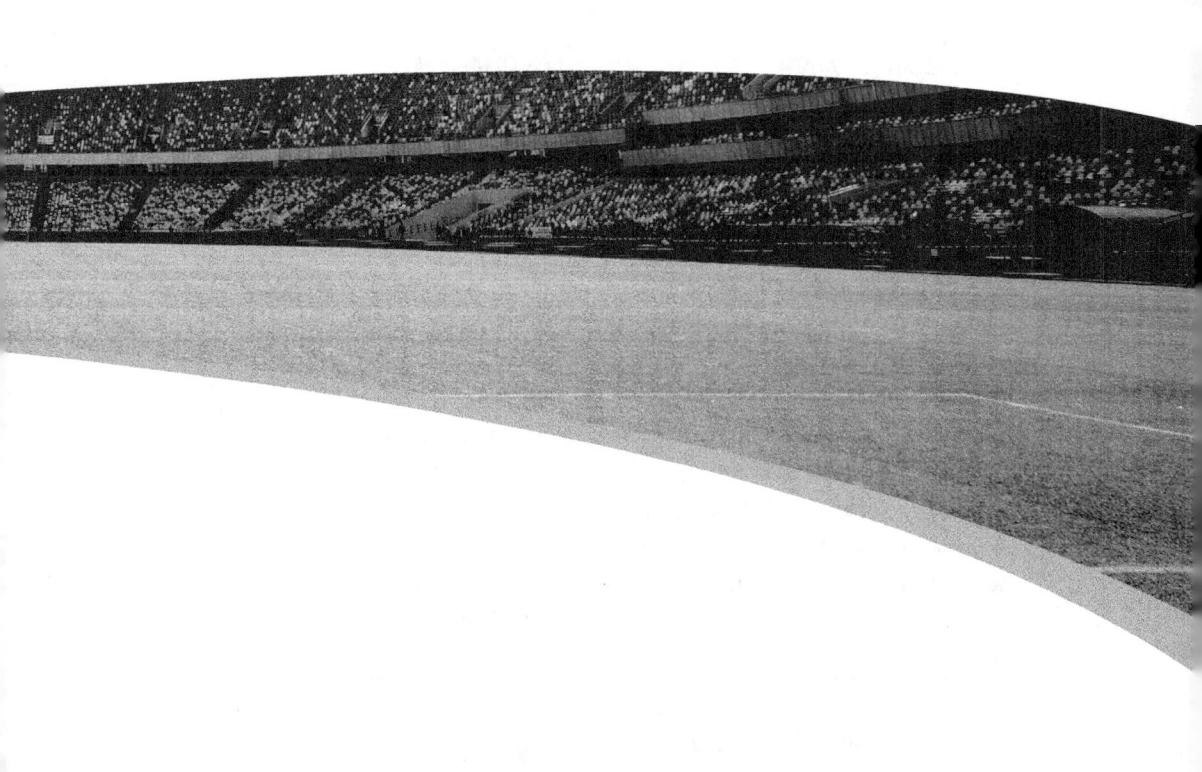

知识产权出版社
全国百佳图书出版单位
—北京—

## 图书在版编目（CIP）数据

公民体育权研究/高景芳著. —北京：知识产权出版社，2021.12
ISBN 978 – 7 – 5130 – 7969 – 3

Ⅰ.①公… Ⅱ.①高… Ⅲ.①公民—体育—权利—研究—中国 Ⅳ.①D922.164

中国版本图书馆 CIP 数据核字（2021）第 266722 号

### 内容提要

在新时代，体育强国建设需要从"政策推动"迈向"法治引领"。公民体育权逐渐成为越来越多法学研究者关注的重要课题。本书内容有助于厘清体育权的基本范畴，深化公民体育权的理论研究和宪法对体育权的理解，拓展社会基本权的研究领域，促进我国公民体育权保障制度的改革与完善。

本书可作为普通高等院校法学专业大学生的课外读物，也可作为相关研究者和体育行业管理人员的参考用书。

| 责任编辑：李小娟 | 责任印制：孙婷婷 |
| --- | --- |

## 公民体育权研究
### GONGMIN TIYUQUAN YANJIU

高景芳　著

| 出版发行：知识产权出版社有限责任公司 | 网　址：http://www.ipph.cn |
| --- | --- |
| 电　话：010 – 82004826 | http://www.laichushu.com |
| 社　址：北京市海淀区气象路 50 号院 | 邮　编：100081 |
| 责编电话：010 – 82000860 转 8531 | 责编邮箱：lixiaojuan@cnipr.com |
| 发行电话：010 – 82000860 转 8101 | 发行传真：010 – 82000893 |
| 印　刷：北京中献拓方科技发展有限公司 | 经　销：新华书店、各大网上书店及相关专业书店 |
| 开　本：720mm×1000mm　1/16 | 印　张：11.25 |
| 版　次：2021 年 12 月第 1 版 | 印　次：2021 年 12 月第 1 次印刷 |
| 字　数：170 千字 | 定　价：79.00 元 |
| ISBN 978 – 7 – 5130 – 7969 – 3 | |

出版权专有　侵权必究
如有印装质量问题，本社负责调换。

# 前　言

　　所谓体育，是指为了增进身心健康而开展的身体教育、竞技性运动或非竞技性的身体活动与智力活动。体育的外延包括学校体育（身体教育）、竞技体育和大众体育。而权利的两个核心要素则包括利益与正义。人权本质上应该是利益与正义的统一。在利益和正义的双重视野中，公民体育权是公民所（应）享有的、为国家所（应）保障的接受体育教育、从事体育运动、参加体育竞赛的权利。这一界定，指明了体育权的权利主体和义务主体，也说明了体育权的核心内容。

　　体育权的权利主体涉及"谁受保障"的问题。公民是体育权的一般权利主体，法人和非法人组织不是体育权的权利主体。由于体育权的核心内涵是身体的运动权，无论是学校体育、社会体育，还是竞技体育，莫不与身体运动相关。因此，组织是不享有体育权。换句话说，公民体育权本质是一项个人性权利。

　　公民体育权的义务主体涉及"谁来保障"的问题，与公民体育权的权利主体形成对照范畴。体育权的义务主体是国家。宪法关系中最重要的一对法律关系是"公民权利—国家义务"。对于体育权而言，所谓国家义务主要是指国家有义务采取各种措施促进公民体育权的实现，即国家必须采取适当的措施，包括制定法律、确立具体的行政措施、提供公正的司法救济等，以实现公民的体育权。除了国家之外，国际组织、社会组织及个人都是公民体育权的补充义务主体。

　　公民体育权的内容与公民体育权的概念直接相关。有什么样的体育权概念，便有什么样的体育权内容。对体育权内容的梳理，实质上是对体育权概念的再解读。公民体育权是一个由多个具体权利构成的权利束，其核心内容包括三个方面：①接受体育教育的权利；②从事体育运动的权利；③参加体育竞赛的权利。

在宪法权利中，公民体育权与公民的受教育权、文化权、休息权、健康权等，既密切相关，又存在明显差别。也就是说，体育权的实现从来不是一个可以单兵演进的事情，而是一个与其他权利相互促进、相互支撑、相互关联的事情。

公民权利在宪法上无法做到应举尽举，于是就产生了宪法未列举权利的现象。根据宪法学上"未列举基本权利"理论，公民体育权，是一项虽在《中华人民共和国宪法》（以下简称《宪法》）"公民的基本权利和义务"章未明确列举，也不能从其他权利直接推衍，但却能从"总纲"中推定出来的公民应该享有的宪法权利。依照宪法上未列举基本权利的分类，公民体育权当属《宪法》上一项"半真正未列举权"。

除了"未列举基本权利"理论，梳理《宪法》（1982年）文本，可作为公民体育权间接依据的还有另外一些规范。第一，《宪法》第1条规定"社会主义条款"是公民体育权保障的基础依据；第二，《宪法》第33条第3款规定"国家尊重和保障人权"的"人权条款"是体育权入宪的现实技术"接口"；第三，《宪法》第89条第（七）项、第107条第1款及第119条，分别规定国务院、地方各级人民政府及民族自治地方人民政府的"行政职权条款"体现了体育权保障的政府义务。

公民体育权兼具自由权和社会权双重属性。也就是说，公民体育权是一项复合权利。它既有不被恣意侵犯的"消极权利"属性，也具有要求国家主动作为的"积极权利"属性。体育权的真正实现，既需要国家履行"保护和促进"的积极义务，也需要国家履行"尊重"的消极义务。但总体而言，体育权是一项典型的社会基本权。首先，体育权属于广义的经济、社会、文化类权利，具体而言，应该属于广义的文化类权利。作为经济、社会、文化类权利，公民体育权区别于精神性权利、政治性权利。其次，相对于自由权面向的"防御权"而言，公民体育权是一项典型的受益权。在现代社会，公民体育权之所以受到关注，主要不是因为它的自由权面向,而是它的社会权面向。换句话说,公民体育权的受益功能远远重于其防御功能。如果为公民体育权画像,其受益功能与防御功能正好构成"阴阳脸",无疑地,其防御功能处于阴影区。如今,公民体育权已经颇具时代意义,不但在要求国家不得不当侵犯的防御权面向上,而且在要求国家积极作为的受益权面向上,公民体育权都越来越受到重视。

作为社会权的体育权主要是行政法层面的分享权而非宪法层面的请求权。分享权提出的历史背景是,人类社会生活快速城市化后,个人生存已经高度依赖国家的"生存照顾",个人已经无法自行解决全部生活之需。因此,人们只得把"自己的命运"交给公共经济及生存照顾体系。个人生活与团体关系日益密切,人们可分享团体所提供的生活之资。这种个人对团体的分享,获得法学上的确认即为分享权。分享权主要强调经济方面的分享,不包括政治方面的分享;它也不同于国家对处于"极穷"状态下的公民提供的单方面给付。另外,随着时代发展,"生存照顾"概念早已不固守其原初意义,而日益发展出一般性"福利给付"的意涵来。相应地,分享权所要分享的对象,也早不限于"生存"所需,而是延展至"美好生活需要"。体育是促进人的自我实现的重要方面,对公民体育权的保障完全符合促进人的自我实现的人性需要。公民体育权具有分享权的强烈意蕴。

如果把体育权作为行政法层面的分享权而非宪法层面的请求权的话,意味着政府要代表国家对公民承担某种给付义务,包括:①适当程度的体育公共服务;②财政允许的体育资源直接给付;③通过私法契约实现对公民体育分享权的保障等。

公民体育权的保障如欲取得实效,需要系统的制度设计和机制调整。公民体育权的实现尤其需要落实国家保障义务。从保障体系而言,包括公民体育权的入宪以及公民体育权的立法、行政和司法保障。

以《世界宪法全书》收录的124个国家的成文宪法或宪法性文件作为资料来源进行文本分析了可以发现,部分国家将公民体育权明确写入宪法;部分国家在其他基本权利中包含或部分包含体育权的含义;而另一部分国家则在宪法的基本国策部分对体育进行了规定。由此可见,公民体育权入宪，系一国政治、经济、文化等各种因素共同作用的结果。可以说，对公民体育权在宪法文本结构中作出不同的处理，反映该国对公民体育权的权利属性的不同认识。一是反映公民体育权在不同国家宪法上的地位不同；二是反映对公民体育权能否作为"法"和"规范"的处理不同。

同时，作为带有鲜明受益权色彩的积极权利，公民体育权也是一些国际性法律文件（特别是国际体育法）所肯定和推崇的基本人权。这些国际性法律文件基于公认的道德标准和价值判断架构的人权保障体系，为我国公民的体育权利保障提供借鉴。

尽管从理论上讲，未列举基本权利也属于应予保护的宪法权利，但宪法对某项权利是否明确列举，其效力仍存在很大不同。将公民权利在宪法中专门列出，这种实证化的意义在于，借以警示、约束政府：公民的基本权利是如此重要，非以正当理由（公共利益）并通过正当程序，不得限制或减损。从时代发展角度而言，公民体育权具备作为宪法权利的基本品质，将体育权在宪法中加以明确列举具有重要的理论价值和现实意义。首先，明确列举有助于强调体育权利的宪法属性；其次，有助于彰显体育权利的时代内涵；再次，明确列举有助于突出体育权利的国家义务；最后，明确列举有助于促进政府积极履行国际公约。

从比较法角度而言，体育或者体育权条款在各国宪法文本中的规定模式大概有三种类型：第一类是只在"国家基本政策"部分规定国家发展体育事业的原则，而不再明确规定体育权；第二类是只在"公民的基本权利和义务"章中规定体育权，而不在"国家基本政策"部分提及体育事项；第三类是既在"国家基本政策"章中宣示国家发展体育事业的原则，也在"公民的基本权利和义务"部分明确规定体育权。翻看我国现行《宪法》可以发现，《宪法》是将社会权利类的权利规定在"公民的基本权利和义务"一章，且在权利条款中同时规定了国家任务和保障内容，并在"总纲"中规定了指导目标。公民体育权具有鲜明的社会权利色彩，因此宜采用上述模式中的第三类，以和其他社会权利的保障模式保持一致。

公民体育权主要作为一种社会权面向的权利，其规范效力在于体现为一种宪法上的"客观价值秩序"，其效力的发挥主要依赖于宪法委托之立法义务的履行，这集中体现为对宪法上公民体育（权）规范的明确化、具体化和精细化。也就是强调国家有义务通过立法以建构和形成体育基本制度。概括地说，实现对公民体育权的宪法保障，要求体育立法实现从抽象至具体、义务至责任、职业化至均衡化、公私法并重至政策性平衡的更替。具体而言，一是要加强体育立法，构建完整的公民体育权保障的法律体系；二是要在权利保障理念指引下，重点对体育法进行整体性修订；三是要完善体育法配套法律法规的制定，制定学校体育法、促进《中华人民共和国全民健身条例》（以下简称《全民健身条例》）向全民健身法升级转换，等等。

而公民体育权作为一种行政法上的分享权，其保障与实现，则离不开各级政府作用的发挥。在我国，中央人民政府和各级地方人民政府都对体育事业负有职责。根据宪法学和行政法学的基本原理，宪法或者组织法授予国家行政机关的职权，同时也是其职责。职责意味着"责无旁贷"；不履行职责就是失职。因此，宪法上的"行政职权条款"实则是公民体育权利保障的政府义务。具体而言，为保障公民体育权的实现，政府应该努力做到：第一，加强执法，完善公民体育权利保障的执法监督体系，包括确立保障公民体育权利的执法理念；形成有效的公民体育权保障的日常执法机制；第二，加强体育公共服务，提高政府体育公共服务的能力，包括强化政府提供体育公共服务的职责、促进全民体育公共服务的可及性和普惠性；第三，加大财政投入，保障对体育事业发展的资金支持。

无救济则无权利。公民体育权也不例外。当公民的体育权利受到侵害时，就要求有多元化的纠纷解决机制对公民体育权利进行救济。聚焦中国眼下的现实，对体育权而言，如果我们把它定位为一项社会权面向的分享权，那么完全可以通过行政诉讼予以保护。

# 目 录

第一章 引 论 ……………………………………………………… 1

第二章 公民体育权的基本意涵 ………………………………… 13
 第一节 体育与体育权 ………………………………………… 13
 第二节 公民体育权的主体与内容 …………………………… 23
 第三节 公民体育权与邻接概念的区别与联系 ……………… 34

第三章 公民体育权的权利属性 ………………………………… 40
 第一节 作为宪法权利的公民体育权——一个"半真正
    未列举权"的视角 …………………………………… 40
 第二节 作为社会权的公民体育权 …………………………… 53
 第三节 分享权视域中的公民体育权 ………………………… 69

第四章 公民体育权的保障体系 ………………………………… 89
 第一节 公民体育权的宪法载入 ……………………………… 89
 第二节 公民体育权的立法完善 ……………………………… 110
 第三节 公民体育权的行政支持 ……………………………… 121
 第四节 公民体育权的司法救济 ……………………………… 129

第五章 结 论 ……………………………………………………… 134

参考文献 …………………………………………………………… 136

附 录 ……………………………………………………………… 147

# 第一章 引 论

## 一、问题与意义

### （一）问题之提出

体育是一种人类所特有的、重要的社会文化现象。可以说，除了基本生理需求之外，体育和教育堪称与人类关系最密切、对人类影响最深远的两类社会活动。而在现代社会，体育已经成为人们最为重要的休闲健身方式之一。体育人口在国民中的占比、体育设施的完善程度及体育运动水平的高低，已经成为衡量一个国家社会发展水平的重要指标。在和平年代，体育不仅承载人类对自身体能展示的美好向往，也是国家间综合实力比拼的重要指数。综观世界，那些综合实力强的国家，往往同时也是体育大国、体育强国。这由奥林匹克运动会上金牌和奖牌数的归属可窥得一斑。由是观之，体育之于人类的重要性，毋庸多言。

权利乃利益的法律化表达。归根到底，权利的类型根源于人类社会利益的类型。新兴利益的不断权利化，促进了权利体系的不断扩展和法律制度的不断进化。随着体育重要性的显现，体育权利日益成为体育学界和法学界所共同关注的热点问题。但又应该说，相对于法律权利"家族"中的其他"兄弟"而言，体育权利还只是一个"新生儿"——尽管其提出并不晚，但获得学界共识和法律规范实证化确认之路却走得极为艰难。仅就前者而言，学术界——特别是法学界对其关注的程度和深度还远远不够。这种不够，主要体现在两方面，一是相对其他权利而言，体育权利还较为偏门，至少在法学界获得的共识度不高，法学界对体育权的关注，远远不如对受教育权的关注；二是既有的研究成果还较少从宪法层面予以"法学范式"的探讨，尽管"体育学范式"的探讨已经蔚为壮观。[1] 特别是，从宪法解释学的角度，阐释公民体育权的还较为少见。部分学者指出公民体育权（应）是一项宪法权利，但对公民体育权利为什么（应）具有宪法位阶，却语焉不详。或者说，尚无人对此作出有宪法教义学意味的、具有说服力的论证。

因此，有必要以宪法基本原理为理论基础，以宪法教义学为基本分析方法，结合我国公民体育权发生发展的历史和现实，参照世界各国公民体育权发展的状况，在前人既有研究的基础上，对我国公民体育权的基本范畴、宪法属性及其法律保障等做深入探讨。

### （二）研究意义

研究的意义，包括研究对象的意义和研究本身的意义。公民体育权既是一项重要的宪法权利，其背后关系学校体育、社会体育（全民健身）、竞技体育等具体体育制度。因此，研究公民体育权的意义可从深化理论研究与指导制度实践两个层面展开。简而言之，本书研究具有如下三个方面的理论意义与实践价值。

#### 1. 有助于厘定体育权的基本范畴，深化公民体育权的理论研究

如前所述，部分学者对公民体育权的既有研究，尚有令人不甚满意之处。本项研究力求进一步廓清体育权的基本内涵、分析体育权的宪法属性、构建体育权的保障体系，在一定程度上将进一步丰富体育权的研究内容、扩展研究边界、探讨新的研究方法，从而为体育权的研究"增砖添瓦"；同时，对公民体育权基本理论体系自身的深化和完善也有所助益。

---

[1] 概览关于体育权利的诸多文献，来自体育学界的作者远远超过来自法学界的作者。在早期，尤其如此。

2. 有助于深化对宪法体育权的理解，拓展社会基本权[1]的研究领域

公民体育权（应）属于宪法基本权利家族的重要成员。本书接下来将重点说明在宪法权利分类中，体育权属于与自由权相对的社会权范畴。作为一种宪法权利类型，社会权的价值理念在于强调实质平等，具有"依赖"国家的性质，其内容一般包括经济权利、社会权利和文化权利。无论是从内涵上，还是从外延上看，公民体育权都具有鲜明的社会权面向。因此，对公民体育权的研究可以扩展至社会权"家族"成员，丰富社会基本权的内涵。

3. 有助于促进我国体育基本制度的改革与完善

作为具有鲜明社会权面向的公民体育权，对它的不同认识，关系国家体育基本制度——身体教育、全民健身、竞技运动等具体制度的建构与改革。当前，我国已建立体育制度的基本体系，社会体育、学校体育、竞技体育等基本领域大体做到有法可依、有规可循。但必须承认，由于对公民体育权基本理念认识不深，现有制度还存在不少缺陷，有待进一步改革与完善。因此，系统性地研究公民体育权有利于公民体育权利意识的增强，有利于增强体育权理论对制度变革的指导，从而有利于公民体育权利的实现。在这一点上，深化体育权的研究，可以实质性回应社会现实的需要。

## 二、国内外研究现状

### （一）国内研究状况

从现有资料来看，早在1984年，谭华先生就提出："体育的权义性

---

[1] 在此，本书将"社会权"称为"社会基本权"，意在强调是从宪法层面讨论公民体育权问题。

（权利和义务）问题是体育法学研究的核心。"[1] 而天津体育学院的于善旭教授则最早开启了国内对公民体育权利研究的先河。[2] 后来，于善旭教授又相继发表多篇论文，将公民体育权的研究推向了新的阶段。近些年来，体育学界和法学界对该议题给予了持续地关注和推进，[3] 取得了较为丰硕的研究成果。

## 1. 研究主题

总体来看，既有研究所涉及的论题可以概括为以下几个方面：①体育权利的概念分析。对于什么是体育权利，学术界给出的答案类似，但角度又有区别。例如，于善旭教授认为，体育权利是国家以法律确认和保护的公民实现某种体育行为的可能性。[4] 冯玉军教授等认为，体育权利的内容包括公民的健康权利、社会经济权利和社会文化权利。[5] 张杰教授则认为，体育权利包括利益、资格、要求、技能与自由5大要素。[6] ②体育权利保护与体育法的完善。有学者提出，修改体育法最重要的是构建作为核心的"体育权"。[7] ③体育权利的属性。多数研究者明确或隐含地提出，体育权利应属于宪法权利。[8] 于善旭教授认为，体育权利从总体上可归类为社会文化权利。[9] 李雷博士也认为，将体育权视为一项独立的宪法性权利较为

---

[1] 谭华. 试论体育的权利和义务 [J]. 成都体育学院学报, 1984 (3).

[2] 于善旭. 论公民的体育权利 [J]. 体育科学, 1993 (6); 于善旭. 再论公民的体育权利 [J]. 体育文史, 1998 (1-2); 于善旭. 论公民体育权利的时代内涵 [J]. 北京体育大学学报, 1998 (4).

[3] 在公民体育权利深入研究阶段，国内有多名学者参与其中。2021年5月30日，笔者在中国期刊全文数据库中，以"体育权利"为篇名和关键词检索（1980—2021）查得的学术论文分别是334篇和347篇。

[4] 于善旭. 论公民的体育权利 [J]. 体育科学, 1993 (6).

[5] 冯玉军, 季长龙. 论体育权利保护与中国体育法的完善 [J]. 西北师大学报（社会科学版）, 2005 (3).

[6] 张杰. 公民体育权利的内涵与法律地位 [J]. 体育学刊, 2006 (5).

[7] 万艺. 《体育法》总则修改之可行路径：以"体育权"为分析视角的考察 [J]. 北京体育大学学报, 2021 (2).

[8] 同[4]；同[5]；同[6].

[9] 于善旭. 再论公民的体育权利 [J]. 体育文史, 1998 (1).

恰当,既符合体育权发展的现状,也有利于国家更精准地制定体育政策。[1]王岩芳等学者则认为,从体育运动能够健康人的体质和满足人的精神需求方面看,体育权具有私权性质;而从提高全民族身体素质,促进国家强盛、民族自立功能看,体育权又具有基本权利性质。[2]学者徐翔认为,体育权基于马克思主义人权观及人类命运共同体等理论形成并得到认可,势必推动人权事业的进步和人类命运共同体的实现。[3]黄鑫博士提到,体育权兼具主观权利和客观法的双重性质。[4]④国际体育运动中的人权问题。例如,黄世席教授研究了国际体育运动中的人权问题;[5]谭小勇教授从国际人权的视角诠释了我国公民体育权利。[6]姜世波教授引入国际法学中的"速成习惯法"理论,认为体育权属于通过国际共识形成的新的人权类型。[7]⑤体育权利的保障与实现。例如,有人分析了体育权利实现的特点;[8]有人分析了体育权利实现的障碍。[9]陈华荣教授研究的对象虽然是"体育",但其论著的内容不可避免地会触及公民体育权的宪法保障;[10]而有人指出了体育权获得感的生成逻辑。[11]⑥特定人群的体育权利问题。例如,韩新君教授分析了运动员权利及其保障体系;[12]宋军生教授研究了大学生的体育权利;[13]北京体育大学的宁雷同学甚至以博士论文的篇幅研究了学生的体育

---

[1] 李雷. 宪法学视域下对体育权法律性质的再思考 [J]. 北京体育大学学报, 2019 (12).
[2] 王岩芳, 高晓春. 体育权利本质探析 [J]. 浙江体育科学, 2006 (3). 需要说明的是,笔者不认同论者对体育权属于私权的观点,主要是不认同论者得出结论的逻辑。
[3] 徐翔. 体育权. 一项新兴人权的衍生与发展 [J]. 体育学刊, 2020 (4).
[4] 黄鑫. 作为基本权利的体育权及其双重性质 [J]. 体育学刊, 2016 (2).
[5] 黄世席. 国际体育运动中的人权问题研究 [J]. 天津体育学院学报, 2003 (3).
[6] 谭小勇. 国际人权视野下我国公民体育权利的法学诠释 [J]. 体育与科学, 2008 (5).
[7] 姜世波. 论体育权作为一种新型人权 [J]. 武汉体育学院学报, 2018 (4).
[8] 王岩芳, 高晓春. 论体育权利的内涵及实现 [J]. 武汉体育学院学报, 2006 (4).
[9] 岳爱萍. 论我国公民体育权利的实现 [J]. 体育文化导刊, 2006 (7).
[10] 陈华荣, 王家宏. 体育的宪法保障:全球成文宪法体育条款的比较研究 [M]. 北京:北京体育大学出版社, 2014.
[11] 张修昌. 新时代公民体育权分配与获得感的生成逻辑 [J]. 体育与科学, 2021 (2).
[12] 韩新君. 对构建运动员权利保障体系的研究 [J]. 广州体育学院学报, 2005 (6).
[13] 宋军生. 大学生体育权利的研究 [J]. 体育科学, 2007 (6).

权利❶；刘永风等学者探讨了残疾人的体育权利问题；❷ 刘玉等学者从社会学视野对农民工体育权利进行了研究❸。

2. 对既有研究的基本评价

总体而言，这些年来，公民体育权，经学术界的持续关注和推进，无论在理论层面，还是在实证层面，都已呈现由"新兴权利"转向"成熟权利"的些微迹象。但是，对体育权的研究，在看似繁荣的外表之下，也存在一些遗憾。主要表现为：①高档次研究成果凤毛麟角。虽然学术界对公民体育权有一些论文发表，也有一定的文献积累，但坦率地说，"高档次"研究成果较为少见。②体育"味道"过盛，法学"味道"不足。也就是说，既有研究法学成色不足。总体来看，公民体育权的研究者群体主要是体育学界的同仁，而法学界人士则参与较少。因此，既有研究较多地呈现了体育界研究者的思考，法学者们就此问题的"发声"尚不响亮。作为一种专业的知识体系，法学具有自身的话语系统与基本范畴。习"法"者所熟稔的专业术语，习"体"者未必真能明其内在机理。特别是法律解释学的功夫不是翻看几篇法学文献、引用几个法律语词就能轻易掌握的，它需要长期的专业训练，乃可能粗通其经纬一二。由于知识背景所限，很多研究者驾驭法学知识特别是宪法学知识时显得力不从心，有些研究成果的观点过于直接、强硬、武断，而论证过程则往往颇为牵强，缺少必要的义理考据，因此难为他人信服。例如，一些对公民体育权利的定义，大都是套引法律学者尤其是张文显先生对权利的定义，鲜有令人起敬的对公民体育权利本身内涵的挖掘。对法学基本概念的"生吞活剥"现象，更是较为常见。③宪法层面的分析极为欠缺。应该说，"依宪执政"与"依宪治国"的提出，形成了重新审视中国宪法的契机。宪法对公共政策和公共生活的形

---

❶ 宁雷. 论学生体育权利 [D]. 北京：北京体育大学，2016.
❷ 刘永风，何金，汤卫东. 论残疾人体育权利的发展与保障 [J]. 山东体育学院学报，2008（12）.
❸ 刘玉，田雨普. 社会学视野中的农民工体育权利缺失研究 [J]. 天津体育学院学报，2009（1）.

塑功能被重新认识和评估。❶ 但公民体育权研究的宪法意识仍然不强。既有研究，从法律层面着手的多，从宪法层面着手的少；从宪法哲学角度论证公民体育权应然性和正当性的多；从宪法规范角度解释公民体育权文本内涵与规范效力的少。很多研究成果几乎不假思索地主张或认为，体育权利是一项基本人权。但明显地，结论重于论证。大多属于道德层面的主张，缺乏宪法解释学的严密论证与推理过程。甚至，很多人其实并不能够真正分清宪法权利与普通权利到底有什么实质区别。例如，宪法权利不仅是较普通权利听起来更悦耳、更气派，而是有着不同的价值意蕴和义务指向。

## （二）国外研究状况

### 1. 概况

对于体育权是否成立，国外学者意见其实并不一致。有学者就曾疑问："体育是一项权利吗？"按照该学者的主张，体育是一项实现其他权利的手段和方式，如通过体育活动可以促进种族和性别平等的实现，可以促进社会的融合。❷ 艾尔兰派·珀（Irelandpiper）则认为，身体运动的权利是一项基本人权，"通过体育的发展"既有其"粉丝"，也会有其批评者。❸ 马加里蒂斯（Margaritis）则从希腊宪法的高度研究体育权问题。他指出，作为希腊宪法明确承认的基本权利，其可能对宪法其他基本权利形成某种限制，这种限制需要从宪法的高度予以审视。❹ 美国体育法学者关于职业体育的研究也涉及运动员权利等问题。❺ 英国学者也提出，体育运动领域中权利的性质不仅是私法性质的，还有公法性质的。❻

---

❶ 例如，宪法宣誓制度的普遍建立，不是为国家工作人员在履职前简单增加了一道程序，而是实质增强了宪法对公共政策和公共生活的形塑功能。
❷ PIPER D I, WEINERT K. Is there a "Right" to sport? [J]. Sports law journal, 2014.
❸ IRELANDPIPER D. Development through sport: fans and critics [J]. Sports law journal, 2013, 19 (2): 238 – 247.
❹ MARGARITIS K. Constitutional dimensions of sport in Greece [J]. Sports law journal, 2015.
❺ 陈华荣，王家宏. 体育的宪法保障：全球成文宪法体育条款的比较研究 [M]. 北京：北京体育大学出版社，2014：6.
❻ 贝洛夫，等. 体育法 [M]. 郭树理，译. 武汉：武汉大学出版社，2008：243.

## 2. 基本评价

总体上说,英美学者不太一般性地关注"体育权"议题,他们更多是在研习体育法领域个案的过程中,顺便提及体育权;专门从宪法视角议论体育权利的论著则更为少见。

总之,无论国内还是国外,对于公民体育权的研究,至少在宪法层面看,还是很不充分的,还有创新的空间。当然,既有研究尽管难言十分完美,但无疑给后续研究提供了努力的方向,仍可谓进一步深化研究可资借助的"肩膀"。

## 三、方法与框架

### (一) 研究方法

#### 1. 分析视角的确定

所谓分析视角,是指"由某一门学科本身所固有的某些特定的基本范畴和规范构成的一些整理和建构研究资料的基本范式或图式。通过这些范式和图式,各种散乱的现象能够具有一定的意义,并呈现一定学科的特点"[1]。学术研究中观察的重点,往往取决于特定的研究视角。

本书选择从宪法学的视角对公民体育权问题进行探讨,或者说本书研究的对象是公民的作为宪法权利的体育权。一方面,是因为笔者研究旨趣的偏好;另一方面,是因为在中国,宪法具有为改革提供正当性和合法性的功能。[2] 就宪法基本理论而言,在某一具体的宪法关系中,公民权利意味着国家义务。因此,对于公民体育权研究来说,选择宪法学的分析视

---

[1] 谢维和. 教育活动的社会学分析:一种教育社会学的研究 [M]. 第2版. 北京:教育科学出版社,2007:60-61.

[2] 韩大元. 中国宪法学研究三十年 (1985—2015) [J]. 法制与社会发展,2016 (1).

角，就意味着选择了"公民（权利）—国家（义务）"[1]的分析框架。在这一框架下，主要分析权利与权力的冲突与协调问题。国家权力存在的正当性基础在于保障公民权利。即本项研究的重点，不在于论证公民体育权利到底是不是权利，而在于论证公民体育权利到底算不算基本权利。这与体育法学的分析框架不同。在笔者看来，体育法学是一个领域法学而非部门法学，即体育法学是一个可能涉及各个部门法的有关"体育"的一个学问领域。因此，它并不独享某种分析框架。其分析框架可能是民法的（如学校体育活动中的"自甘风险"问题），也可能是行政法的（如社会体育中的政府公共服务问题），还可能是刑法的（如足球比赛中的"黑哨"问题），等等。从公民体育权的义务主体来说，作为宪法权利的公民体育权，其义务主体主要是国家。国家对公民体育权负有尊重、保护和促进的义务。而体育法上公民体育权的义务主体则较为广泛，取决于具体法律关系之性质。

2. 具体研究方法的选择

在宪法学的研究视角下，本书运用的具体方法主要是规范分析方法。一方面，借助规范分析方法，重点对我国现行宪法相关条款进行规范解释；另一方面，较为系统地梳理世界各国宪法中有关公民体育权的规范内容并在此基础上对这些规范进行必要评析。

另外，从某种角度看，作为法学所特有的研究方法，规范分析方法实质是教义法学的研究方法。它以法律文本为依托，重点对法律规范进行语义分析。尽管本书也使用了其他分析方法，但内容的核心部分主要还是奉行"宪法文本主义"。尊重宪法文本，对中国宪法学发展是至关重要的。[2]

---

[1] 尽管在当代宪法学理论中，"基本权利—国家义务"的对应关系有松动的迹象（在一些国家宪法某些具体基本权利条款中明文规定了禁止私人侵害），但其仍是分析公民基本权利规范内涵的理论出发点。张翔. 基本权利的规范建构 [M]. 北京：高等教育出版社，2008：14. 另外，按照童之伟教授的观点，在法律上，真正与权利对立的是权力，而义务只是权利内部对立和权力内部对立的一种表现形式。童之伟. 法权与宪政 [M]. 济南：山东人民出版社，2001：59，71，289-305. 那么循此，宪法学的分析框架也可表示为"公民权利—国家权力"。

[2] 韩大元. 中国宪法学研究三十年（1985—2015）[J]. 法制与社会发展，2016（1）.

《美国宪法百科全书》对文本主义解释道："法官应该尽最大可能主要依据宪法自身的语言来解决宪法问题。由文本来引导判决，并形成对文本的理解，而不是考虑其他因素。"❶ "宪法教义学又称宪法释义学，它视宪法为有效的法律文件，将对宪法的信仰作为前置条件，以宪法文本为依托，致力于对规范含义的发现和证成。"❷ 有学者指出，一国宪法发展首先以文本为基础，调整国家与社会生活的根本依据是宪法文本。宪法学研究应该以文本为中心，而且在实践上和理论上，均要以对文本的理解、解释为基本内容。❸ "'以宪法文本为中心'是宪法学研究在宪法实务和宪法理论两个方面的基本共识。"❹ 通过对世界各国宪法文本的分析可以发现各国对待体育权的不同态度、体育权在不同国家宪法上的不同表现形式，以及随着时代的变迁，同一国家不同版本的宪法对待体育权的态度以及具体规定形式上的变化。

可以说，既有的体育权研究大都远离了法律文本、宪法文本，而主要从人权哲学、历史哲学或者社会学的角度予以解读，缺少法律文本实证主义的色彩。而本书的研究，则尽量基于宪法文本进行分析，充分展现规范分析这一法学研究的特有方法。因为，仅证明宪法上应该规定公民体育权是远远不够的，给予公民体育权一个宪法身份，说明政府应该予以尊重和保护，这仅是一项正当性证明，体现不出法律逻辑、法律思维和法律技术。在研究方法上，笔者赞同郑贤君教授的主张，即适度重建法律实证主义传统。❺ 充分尊重宪法，就是要"将我国宪法文本视为一个实定、有效的宪法文件"。"俾使一切宪法问题树立于宪法文本之上，确立忠实于宪法的规范自觉"。"自觉以宪法文本作为确定与查明宪法精神与含义的起点。"❻

除规范分析之外，本书对语义分析、比较分析、价值分析等常见研究

---

❶ 张震. 宪法上住宅社会权的意义及其实现 [J]. 法学评论, 2015 (1).
❷ 郑贤君. 方法论与宪法学的中国化 [J]. 当代法学, 2015 (1).
❸ 孙谦, 韩大元. 世界各国宪法 [M]. 北京: 中国检察出版社, 2012.
❹ 张翔. 宪法学为什么要以文本为中心 [J]. 浙江学刊, 2006 (3).
❺ 郑贤君. 社会基本权理论 [M]. 北京: 中国政法大学出版社, 2011: 246.
❻ 同❷.

方法也有不同程度的使用。

(二) 内容框架

本书将紧密围绕"公民体育权是作为社会权衍生出来特别强调分享权功能的宪法权利"这一基本命题而展开，写作的逻辑脉络是：概念界定—权利证成—保障体系。具体来说，在结构和内容的安排上，除了引论和结论外，另外包括三章。

第一章，引论。主要说明研究公民体育权问题的缘由；探讨研究公民体育权问题的意义；在文献整理的基础上，对国内外既有公民体育权的研究进行初步回顾与评价；交待选择的分析视角与具体的研究方法；初步确定本书的写作思路和内容框架。

第二章，公民体育权的基本意涵。主要是在理论层面对公民体育权的基本概念进行定义与诠释，以期为后面的深入讨论提供概念前提。具体说就是，首先，把公民体育权拉到一定的高度进行概念化，并试着提出有别于他人的理论内涵；其次，探讨作为一项宪法权利的公民体育权的主体范围和核心内容；最后，对公民体育权与其相近的概念进行比较分析。

第三章，公民体育权的权利属性。主要是从不同侧面对公民体育权的权利性质进行进一步的界定。具体而言，首先，从宪法理论上"半真正未列举权"的视角出发，证成公民体育权的宪法权利属性，即对公民体育权何以成立宪法权利（而非仅仅普通权利）作出必要的说明和解释；其次，在此基础上，进一步探讨公民体育权作为宪法权利，其所具有的社会权面向。主要试图阐明，作为宪法权利的公民体育权仅强调其自由权面向意义不大，公民体育权的实质问题是作为"社会权"要求国家积极作为的边界问题。最后，更进一步引入分享权理论，分析体育权所具有的对体育公共资源"分享"的权利内涵。

第四章，公民体育权的保障体系。主要是从公民体育权的入宪、公民体育权保障的立法完善、行政支持和司法救济等方面探讨对公民体育权的保障体系问题。基本思路是以"实然"（客观存在）为出发点，以"应然"(理想状态)为目标,从而探索中国公民体育权法治保障的目标与可能的路径。

第五章,结论。主要是总结全文的基本结论并进行一些扩展讨论。

# 第二章　公民体育权的基本意涵

"社会科学研究通常是以概念为思考单位,将意义提炼为抽象概念的过程,组构起严密整全的思维体系与意义整体。"[1]对体育权的探索也宜从概念起始。何谓体育权?公民体育权何以值得宪法保障?又如何保障?以及保障的核心内容为何?这些并非不喻自明。尽管根据维特根斯坦语言哲学理论,定义具有危险性,具有它的功能边界。[2]但是,公民体育权概念的界定,是明了公民体育权要义、构建体育基本权利理论体系的前提。特别来说,对公民体育权的概念共识直接关系体育教育、全民健身和竞技体育等制度的改革与完善,因此对其基本含义进一步洞幽察微是值得和必要的。

## 第一节　体育与体育权

一目了然,体育权是一个偏正词组。其中,体育既是对权利的修饰,也是对权利的限定。因此,对体育权概念的分析,可以分别从体育和权利两方面入手。

---

[1] 李建良. 人权理念与宪法秩序:宪法学思维方法绪论[M]. 台北:新学林出版股份有限公司,2018:94.

[2] 林来梵. 宪法学讲义[M]. 北京:法律出版社,2011:31.

## 一、体育概说

### (一) 体育的概念

一本被广为引注的体育学著作认为:"体育是以身体活动为媒介,以谋求个体身心健康、全面发展为直接目的,并以培养完善的社会公民为终极目标的一种社会实践活动。"❶《新欧洲体育宪章》中对体育运动的定义是:"在轻松欢快的或者组织性的参加形式下,以体力的增强、精神充实感的满足、社会关系的形成以及所有层次上的对竞技成绩的追求为目的的身体活动。"显然,上述两个关于体育的定义,没有涵盖学校体育。《现代汉语词典》(第6版)对体育的解释,一是指以发展体力、增强体质为主要任务的教育,通过参加各项运动来实现;二是指体育运动。而其对体育运动的解释则是:"锻炼身体增强体质的各种活动,包括田径、体操、球类、游泳、武术、登山、射击、滑冰、举重、摔跤、击剑、自行车等各种项目及广播体操、散步、打太极拳等健身活动。"应该说,这两个词条加在一起基本廓清了体育的主要内涵和外延。综合上述,笔者认为,所谓体育,是指为了增进身心健康而开展的身体教育、竞技性运动或非竞技性的身体活动与智力活动。❷ 一般认为,它的外延包括社会体育、学校体育和竞技体育。

### (二) 体育的类型

有如上述,一般而言,可以将体育类分为社会体育(athletics)、学校体育(physical education)和竞技体育(sport)。这一分类方法,在《中华人民共和国体育法》(以下简称《体育法》)(1995年)中也有体现。该法

---

❶ 体育概论教材编写组. 体育概论 [M]. 北京:高等教育出版社,2003:34.
❷ 但事实上,体育仍然是以身体运动为主要内容,智力活动的"体育"属性并不突出。但鉴于诸如棋类等也被归入广义的体育,甚至航模比赛也被视为体育运动的现实,本书对此不再坚持异议。最根本地,将"体育"作广义理解,并不实质影响本书的基本命题与最终结论。

第二、三、四章分别规定了"社会体育""学校体育"和"竞技体育"。这一分类方法虽然也颇有争议，但其无疑有助于我们更为透彻地理解体育的内涵与外延。不过，现在更为"流行"的"全民健身"大概是可以将社会体育、学校体育概括起来，这样体育的类型就有全民健身和竞技体育两种类型。通俗地说就是，搞体育的，有业余的，也有专业的；全民健身讲究一个"乐呵"和亲历，而竞技体育更看重成绩和排名。不过，为了突出学校体育（身体教育）作为教育组成部分的特殊性，在学术理论中沿用学校体育、社会体育和竞技体育的说法，也不失为一个述说策略。

在体育理论研究中，狭义"体育"仅指学校体育，即"身体教育"之谓，与德育（品德教育）、智育（智力教育）等概念并称；而广义体育则包含学校体育、社会体育和竞技体育三部分。学校体育是社会体育和竞技体育的基础。百度百科对学校体育的解说是："以在校学生为参与主体的体育活动，通过培养学生的体育兴趣、态度、习惯、知识和能力来增强学生的身体素质，培养学生的道德和意志品质，促进学生的身心健康。学校体育是教育的重要组成部分，是计划性、目的性、组织性较强的体育教育活动过程。"学校体育，也就是体育教育，准确地说，是身体教育。在这一概念下，体育是作为教育内容的一部分。在张楚廷先生看来，体育本来就属于学校教育的一部分，专业性的体育不应脱离学校，体育运动和学校教育割裂开来，既不利于体育运动的良性发展，也不利于学校体育的发展。[1] 社会体育也称为"大众体育""群众体育"，是指全社会不同类型、不同年龄的人，以增强体质、延缓衰老、保持旺盛精力、满足生活需要和提高生活质量为目的，而进行的形式多样的体育活动。[2] 竞技体育指为了最大限度地发挥和提高人体在体能、心理和运动技能方面的潜力，以取得优异运动成绩为目的而进行的系统运动训练和运动竞赛活动。[3]《欧盟体育白皮书》将竞技体育定义为：所有形式的身体活动，自发或是有组织地参与，

---

[1] 张楚廷.体育与人[M].重庆：西南师范大学出版社，2014：127.

[2] 陈孝平.论东西方大众体育发展的共同点及发展趋势[J].解放军体育学院学报，1996 (3-4).

[3] 高雪峰.论竞技体育功能多元化与政府之间的关系[J].武汉体育学院学报，2004 (2).

旨在改善体能、促进心智健康、融洽社会关系或者在各级竞赛中夺标的身体活动。❶

当然，事实上，社会体育、学校体育和竞技体育往往无法截然分清，如学校中三种体育形式都有体现。从受众来看，学校体育的主体是学生，社会体育面向所有公民，而竞技体育则基本属于年轻人。❷

### （三）体育的特征

事实上，由于体育可以类分为上述三类，因此每一类体育都具有不同的特征。竞技体育以"更快、更高、更强，更团结"的技艺性为主要特征，大众体育则以"自娱、自乐、自我陶醉"的娱乐性为主要特征，❸而学校体育则以大众体育的特征为主，同时也兼有竞技体育的某些特征，如学校内部的体育比赛，在某种程度上追求奥林匹克格言中的"更快、更高、更强、更团结"，也就是要激励学生像运动员一般继续不断地参加运动、努力追求进步与追求自我的突破。

除了以上的区别之外，所有类型的体育，还应该具有共同的特征。否则，难以称其为体育。那么，这种共同的特征是什么呢？笔者认为，是身体运动。体育的本质是身体的运动，无论学校体育，还是社会体育，抑或竞技体育，都离不开身体的运动。也有一种说法认为，广义体育是以人的运动为基本手段增进健康，提高生活质量的教育过程与文化活动。❹尽管这种观点将对体育的理解扩展为"教育过程与文化活动"，但其仍然强调的是"以运动为基本手段"。因此，身体运动是所有类型体育的共同特征。这一共同特征，对于廓清体育权的内涵与外延有直接的决定性意义。如前所述，笔者认为，棋类、航模等不具有体育的核心特征，因此事实上不是体育。但鉴于将棋类、航模视为体育行政部门管理的事务已经属于约定俗

---

❶ 陈华荣. 欧盟委员会体育白皮书（第一卷）[M]//肖金明. 体育法评论. 济南：山东大学出版社，2008：300；陈华荣. 我国体育权利概念认识：困境与发展[J]. 天津体育学院学报，2009（6）：501.

❷ 张楚廷. 体育与人[M]. 重庆：西南师范大学出版社，2014：116.

❸ 谭小勇. 国际人权视野下我国公民体育权利的法学诠释[J]. 体育与科学，2008（5）.

❹ 常乃军，陈远军. 公民体育权利本质探析[J]. 体育学刊，2008（12）.

成的惯例，加之这两类"活动"对公民体育权研究并不形成事实或理论上的障碍，因此下文笔者也无意将其特别排除。

## 二、权利的核心要素

### （一）为什么只分析权利的核心要素

当今，对中国人而言，"权利"已然不是一个陌生的词语了。在"依法治国，建设社会主义法治国家"和"走向权利的时代"的历史背景下，"权利"一词甚至已经成为大众化的语词。因此，如果再对"权利"的含义进行界定，显然多余。而且，试图给权利下定义，几乎是不可能完成的事情。历史上，思想先哲们也多对此予以回避。康德在他那本涉及"权利的科学"的名著中写道："问一位法学家'什么是权利'就像问一位逻辑学家一个众所周知的问题'什么是真理'同样使他感到为难。"❶ 本书仅对权利的核心要素进行必要的讨论，以为下文定义体育权有所助益。

康德很早就提出权利是与资格、强制、自由等概念相结合的观点。❷国内学者也曾提出权利的五大要素，即利益、主张、资格、权能和自由。张文显教授将中外法学产生过重要影响的权利要素归结为"资格说""主张说""自由说""利益说""法力说""可能说""规范说""选择说"8种学说。❸ 应该说，上述观点、学说都从某个方面解释了"权利是什么"这一"元"问题。因为问题本身存在难度，任何一种观点、学说又都有其片面之处，而笔者无意也无力回答被称为"法学之难"❹的权利概念问题，因此本书仅对权利的两个核心要素予以简要分析。

---

❶ 康德. 法的形而上学原理：权利科学 [M]. 沈叔平，译. 北京：商务印书馆，1991：39.
❷ 同❶.
❸ 张文显. 法哲学范畴研究（修订版）[M]. 北京：中国政法大学出版社，2001：300-305.
❹ 美国法学家罗斯柯·庞德曾说过："法学之难者，莫过于权利也。"张文显. 法哲学范畴研究（修订版）[M]. 北京：中国政法大学出版社，2001：298.

## （二）权利的两个核心要素：利益与正义

首先，"人权的本质的要素之一是利益"[1]。而且，如果只允许选择一个词语诠释权利概念的话，那么把利益作为权利结构中的核心，几乎无人质疑[2]。"人权的本质属性首先表现为利益，无论利益的表现形态是物质的还是精神的。"[3] 正如有学者指出，把握住利益，也就掌握了理解人权问题的钥匙。人权是利益的表，利益是人权的里。人权是利益的保障，利益是人权的方向。人权是利益的升华，利益是人权的动力。没有利益，就无所谓人权。[4]

其次，如果选择第二个词汇来界定权利的本原，有学者选择"正义"，[5]也有学者选择"共识"[6]。其实，如果认真比较上述两种观点的核心内容，即发现，这两种观点本质是一致的。"共识论"者认为，只有当某种"应该获得"或者说利益是具体的、确定的，并被社会中绝大多数人所接受，那么这种利益就是正当的、正义的，也就成为一项权利。[7]"正义论"者认为，人权是个人或某些特殊群体受正义认可和支持的各种利益诉求。对于人权的理解，总是受到人类普遍认同的某些道德伦理的支持和认可，包括正义理念、人本主义、平等思想与自由观念，其核心是正义理念。人权主体的承认，人权内容的确定，人权的享有与人权的实现，只有符合正义的原则才能获得普遍的认同与支持。总之，人权是正义的诉求，正义是人权的品质。[8] 梳理上述两种观点的关键词，都有"普遍认同""正

---

[1] 广州大学人权理论研究课题组. 中国特色社会主义人权理论体系论纲 [J]. 法学研究, 2015 (2).

[2] 张震. 宪法上住宅社会权的意义及其实现 [J]. 法学评论, 2015 (1): 34; 梁洪霞. 发展权权利属性的宪法解读：以宪法文本为视角 [J]. 人权, 2015 (4); 张清, 顾伟. 居民自治权论要 [J]. 南京大学法律评论, 2013 (2): 61.

[3] 徐显明. 人权法原理 [M]. 北京：中国政法大学出版社，2008：82.

[4] 同[1].

[5] 同[1].

[6] 梁洪霞. 发展权权利属性的宪法解读：以宪法文本为视角 [J]. 人权, 2015 (4).

[7] 同[6].

[8] 同[1].

义"等，因此二者本质上没有多大区别，我们无妨统一称其为"正义论"。

当然，人权本质上应该是利益与正义的统一。"利益是人权的客观本质，正义是人权的主观品质，二者辩证统一，相互作用，共同发展。"❶"利益性是权利的核心元素，也是权利有别于权力的重要本质特征。"❷

权利谱系的不断拓展，一方面，与经济社会文化发展的客观现实有关；另一方面，与人们对某种权利的主观需求有关。体育权行使的目的在于实现和维护公民自身的有关体育的利益。同时，体育权的兴起与体育运动日益受到人们的高度重视和认可也有直接关系。

## 三、公民体育权的界定

### （一）公民体育权现有定义评说

如前所述，能够检索到的对公民体育权进行研究的文献足有几百篇。其中，有些文献对公民体育权概念进行了界定。现本书择取几种具有代表性的观点，加以适当评议。

冯玉军教授等认为，体育权利是指公民或者组织在社会生活中，可以获得身体健康和进行体育锻炼的自由以及平等竞争的机会和资格，从而享有能达到最高体质和心理健康标准，最终实现最大自我利益和公共福利的可能性。❸ 这个关于公民体育权利的界定，值得赞同的地方在于，其充分揭示了公民体育权的内涵是"达到最高体质和心理健康标准"；但不足的地方在于，其将"组织"包括于体育权利的主体范围，属于不当扩大。在笔者看来，体育权利只能属于公民，是一种个体性权利。而组织关于体育的权利，其实可由其他权利加以解释或者涵盖。

---

❶ 广州大学人权理论研究课题组. 中国特色社会主义人权理论体系论纲 [J]. 法学研究，2015（2）.

❷ 张清，顾伟. 居民自治权论要 [J]. 南京大学法律评论，2013（2）：59.

❸ 冯玉军，季长龙. 论体育权利保护与中国体育法的完善 [J]. 西北师大学报（社会科学版），2005（3）.

于善旭教授认为，公民的体育权利，是通过法律规定的公民在有关体育的各种社会生活中所享有的权利，是国家以法律确认和保护的公民实现某种体育行为的可能性。这种可能性，是在法律设定的范围界限内，公民享有在体育方面自主支配与自由选择的行动资格。❶ 后来，于善旭教授又把公民体育权利概括为："公民在有关体育的各种活动和各个方面中所被确认和应享有的权利。"❷ "公民为追求和维护与体育相关的各种利益，因社会承认为正当而受法律确认和保护的行为选择的自由和资格。"❸ 但从这一定义对公民体育权的界定中，看不出是宪法层面的公民体育权还是普通法层面的公民体育权，而且过于强调公民体育权的法律规定性，这当然是令人遗憾的。

张杰教授认为，体育权利是每个公民获得从事体育活动的资格、条件与技能，从事自己所选择的体育活动并且从中获益的权利。❹ 这一定义的不妥之处在于，其将从体育中"获益的权利"作为公民体育权的内涵。从体育活动中获得相应收益的权利，完全可以由其他权利涵盖，没有必要在作为宪法位阶的公民体育权概念中专门呈现。

王湧涛、刘苏等学者认为，体育权利作为人权、权利的下位概念是公民在社会生活中享有体育运动的自由、追求生命健康以及参与平等竞争的机会和资格。❺ 这一定义，揭示体育权的核心内涵中所应包含的"自由""机会""资格"等关键词，但其内容上似乎缺失作为教育内容的学校体育。

王岩芳、高晓春等学者认为，体育权利是指由宪法和法律所保障的，人们能够通过接受体育教育、进行体育锻炼和参与体育竞赛的方式，获取身体健康和精神满足之利益的意志和行动自由。❻ 显然，这个定义试图涵盖体育的全部外延，即学校体育、群众体育和竞技体育。而且，我们从这

---

❶ 于善旭. 论公民的体育权利 [J]. 体育科学，1993 (6).
❷ 于善旭. 再论公民的体育权利 [J]. 体育文史，1998 (1).
❸ 同❷.
❹ 张杰. 公民体育权利的内涵与法律地位 [J]. 体育学刊，2006 (5).
❺ 王湧涛，刘苏. 论公民体育权利的法律保障 [J]. 首都体育学院学报，2008 (3).
❻ 王岩芳，高晓春. 论体育权利的内涵及实现 [J]. 武汉体育学院学报，2006 (4).

个定义中可以推导出体育权利的主要内容，即接受体育教育的权利、进行体育锻炼的权利和参加体育竞赛的权利。可以说，这个定义给人的启发较大，可资借鉴。

陈华荣教授将体育权利的内涵分为广义与狭义两类，广义体育权利包括在体育运动中产生或与体育运动相联系的权利。狭义的体育权利是指社会认可或法律承认的，人们参与体育活动、参加体育竞赛、接受体育教育、享受体育生活的资格和可能性。❶ 这种观点是在上述王岩芳、高晓春等观点上又加上所谓"享受体育生活权"，但其基本框架和内容与上文所引王岩芳、高晓春等观点基本无异。

张振龙等学者认为，体育权利的核心内容包括体育教育权和体育运动权两个方面。从而认为，体育权利是由法律确认的人在接受体育教育和从事体育运动过程中所应享有的自由和利益。❷ 如果说体育权利包括体育受教育权还算过得去，那么认为体育权利包括体育教育权，就令人匪夷所思了。这种认识，要么是没有搞清教育权和受教育权有什么差别，要么纯系笔误。而且，事实上，正如作者指出的那样，体育教育一般要寓于体育运动过程中，体育运动本身也是一个教育过程，甚至在特殊情况下，二者可以合并为一。

谭小勇教授认为，公民体育权利是由法律法规确定的，每个公民或者组织通过体育锻炼或运动竞赛的方式，享有身心健康精神荣誉等利益的意志和行动自由。❸ 这种定义的问题，一是没有涵括学校体育内容；二是过于强调"权利法定"。

由上可见，上列关于公民体育权的定义，在一定程度上揭示体育权的内涵，有的对深化公民体育权的认识有一定启发意义，但也留下可供后续研究改进的空间。

---

❶ 陈华荣. 我国体育权利概念认识：困境与发展 [J]. 天津体育学院学报, 2009 (6).
❷ 张振龙, 于善旭, 郭锐. 体育权利的基本问题 [J]. 体育学刊, 2008 (2).
❸ 谭小勇. 国际人权视野下我国公民体育权利的法学诠释 [J]. 体育与科学, 2008 (5).

## (二) 界定体育权应注意的几个问题

"概念在知识与认知具有承上启下的功用,属于思考活动与知识领域的基本单位,足以累积形成特定的理论或学说。概念既是认识世界的工具,世界图像复由概念形塑。"[1] 公民体育权的概念,是应该形成的最低限度的关于公民体育权内涵和外延的共识。笔者认为,定义公民体育权时,应该注意的问题包括但不限于如下几个方面。

(1) 公民体育权的概念要体现其本质内涵。体育权的概念不能是一个"关于体育的权利"的大杂烩。例如,当公民体育权受到不法侵害时,他当然享有排除妨碍或者提起诉讼求得救济的权利。因此,类似"体育诉讼权"等"关于体育的"边缘性权利不属于体育权的本质内涵,本书不予讨论。相似地,体育著作权、体育运动员的工作权、休息权等,也不属于体育权的本质内涵。在这些权利中,"体育"不过是一个限制词而已,它们的本质仍然是"著作权""工作权""休息权",等等。体育权的本质内涵意味着,缺了这个意涵,体育权将不再是体育权。

(2) 公民体育权的概念要反映体育权利的独立性。张杰教授认为,体育权利作为生命健康权的下位权利属于宪法权利;作为一种文化权利属于宪法权利。[2] 在笔者看来,公民体育权与其他权利之间,没有依附关系。体育权只是与生命健康权、文化权在具体内容上存在交叠,但并不是那些权利的下位权,与那些成熟的权利之间也不存在孰高孰低的位阶关系。随着权利种类的日益丰富和发展,宪法权利"家族成员"之间截然分明的时代已经一去不返。例如,可以试着追问:我们能说受教育权和劳动权之间没有关系?在现代社会,一个人不接受相当程度的教育,在劳动市场上就缺乏竞争力。我们能说受教育权和文化权之间没有关系?不接受相当程度的教育,所谓文化权利不过是"水中望月"。我们能说受教育权与发展权之间没有关系?社会的发展越来越知识化,不接受相当程度的教育,何谈

---

[1] 李建良. 人权理念与宪法秩序:宪法学思维方法绪论 [M]. 台北:新学林出版股份有限公司, 2018: 161.

[2] 张杰. 公民体育权利的内涵与法律地位 [J]. 体育学刊, 2006 (5).

发展？总之，体育权是一类具有独立个性的权利，它不依附任何其他权利，也压根儿不需要依附任何其他权利即得以成立。

（3）公民体育权的概念要体现其宪法权利属性。公民体育权特别强调的是一个宪法层面的基本权利，而非普通权利或者具体权利。公民基本权利首要的功能在于强调，这是国家应尽的宪法层面的义务。当强调公民体育权时，其主要的义务主体指向的也是国家。上述若干公民体育权的定义中，多数都没有抓住公民体育权的国家义务性这一重要特征。同时，应予明辨的是，那种认为公民体育权作为社会权，是国家对公民给予的特殊照顾、特别恩惠、好处或者福利的观点，是与现代民主法治社会权利理念不合拍的。公民体育权是公民普遍享有的、应由国家积极促进的权利，而不是部分人的特权。基本人权以人的属性为根据，着眼的是人之为人的必然和要求。❶

### （三）本书的界定

参照前文对"体育"和"权利"的理解，本书对公民体育权试着提出如下定义：公民体育权是公民所（应）享有的、为国家所（应）保障的接受体育教育、从事体育运动、参加体育竞赛的权利。

## 第二节 公民体育权的主体与内容

### 一、体育权的基本主体

法教义学要求对法律规范构成要素进行分析，包括权利主体、义务主体、权利内容及救济方式等。❷ 对公民体育权而言，是否只有本国人才享有体育权？是否只有自然人才享有体育权？除国家之外，社会组织或者个

---

❶ 郑贤君. 社会基本权理论［M］. 北京：中国政法大学出版社，2011：206.
❷ 同❶228.

人是否也是体育权的义务主体？这些问题都涉及对公民体育权的权利主体和义务主体的探讨。

### (一) 体育权的权利主体

体育权的权利主体涉及"谁受保障"的问题。概览各国宪法文本，体育权主体的措辞有很大不同，有的称为"公民"，有的称为"人民"，有的使用"人"，也有的国际人权文件使用"人人"，等等。笔者认为，公民是体育权的一般权利主体，外国人是体育权的特殊权利主体，而法人和非法人组织不是体育权的权利主体。

#### 1. 公民

作为宪法权利的体育权的主体是公民，这是宪法对公民在国家中主体地位的肯定。由于公民是宪法权利的主体属于基本常识，故此公民作为体育权利主体的地位问题，无须多言。

但与公民权利主体地位相关的一些认识误区仍需澄清。例如，汤卫东教授认为，作为体育权主体的公民还可分为一般公民和特定公民（运动员、教练员和裁判员）。❶ 本书认为，这实属多此一举。因为"特定公民"这一称谓本身就难以精准确定其何所指。如果说运动员、教练员、裁判员是特定的体育权主体，那么残疾人算不算？未成年人算不算？老年人算不算？新产业工人算不算？在校学生算不算？……如此追问和列举下去，没有实际意义。

#### 2. 外国人

此处所谓外国人，泛指不具有本国国籍的人，包括他国籍人、多国籍人和无国籍人。

体育权的权利主体是否包括特定情形下的外国人？严格而言，"公民体育权"已经指明仅是"公民"的体育权，也就是说，体育权的权利主体

---

❶ 汤卫东. 体育法学 [M]. 南京：南京师范大学出版社，2007：61.

是具有一个国家国籍的人的权利。但是，这种界定似乎与经验事实不相符合。可能有人会问，难道外国人来到中国就不能进行身体锻炼了？中国人到外国就不能打太极拳了？为什么国内各足球俱乐部会请那么多外援？笔者认为，外国人只能享有作为普通权利的体育权利，而不享有宪法意义上的体育权。原因在于，就像下文将要论证的那样，体育权具有自由权和社会权两个面向，但主要是一项社会权。而社会权的一个重要特征是它强调"身份"，它首先是一种"身份权"。作为社会基本权的体育权，本质是以一定的国家财政作物质支撑对公民的体育资源给付，因此它强调公民身份进而排除非公民的请求权是国际社会通行的做法。作为社会权的公民体育权是需要视国家发展程度、财政资源状况等对公民和外国人予以合理的差别待遇的。当然，这意味着，"只要在财政状况上没有困难，在法律上将社会权之保障延及于外国人，在宪法上并无问题"❶。

给予外国人以不同的国民待遇，既是各国通例，也可获得经济学上的解释。经济学上的国家理论认为，国家作为第三方实施机构，在采取第三方实施服务时很少对边缘人收费。这些服务的成本，通常是由一般纳税人承担；一般而言，这些纳税人是本国公民，而非外国人。通过限制外国人，降低国家裁决有外国当事人产生冲突的机会。从而这种限制使承受这些成本的公民的额外负担消失。特别是，如果外国人在利用国家某些服务时确定其身份的成本很低，那么他们就会受到限制。❷

对于体育权中的自由权面向（即不干涉公民接受体育教育、从事体育活动或者参加体育竞赛的权利）国家对外国人当然没有必须与本国公民区别对待的必要。

我国台湾地区学者李震山教授认为，国家有义务根据有关国际条约及一定国际状况，区分各种不同外国人种类，赋予其不同的权利义务，这符

---

❶ 芦部信喜. 宪法 [M]. 第3版. 林来梵, 等译. 北京：北京大学出版社, 2006：81.
❷ 巴泽尔. 国家理论：经济权利、法律权利与国家范围 [M]. 钱勇, 曾咏梅, 译. 上海：上海财经大学出版社, 2006：143.

合平等原则中"本质相同同其处理,本质相异异其处理"❶ 之理念。一般而言,宪法上的基本权利,可以根据其性质分成几类:一是作为人即应享有的权利,如生命权、人身自由、思想自由、良心自由等自然权或固有权性质的基本权利;二是有强烈的国家主权意义的,应属于本国公民专有的基本权利,如参政权,外国人应受较多限制;三是属于受益权性质的,如劳动权、生存权、受教育权等,须视该国财政富裕程度而定是否对外国人开放。笔者认为,公民体育权总体上属于受益权性质的基本权利,因此国家得根据国库的丰裕程度决定是否给予外国人以国民待遇。

陈华荣教授认为,固守体育权利的公民主体观,可能排斥优秀国外选手参与本国体育赛事和活动的法律机会,剥夺国外选手的体育权利。❷ 笔者对这种观点难以认同。显然,这种观点仍然没有搞清宪法体育权利与普通体育权利的区别。本书前文已多次阐明,宪法体育权是公民针对国家享有的权利,而普通体育权利则存在于具有隶属关系的行政法律关系中或者具有平等关系的民事法律关系中。外国优秀选手(其实,这个问题与选手是否优秀无关)完全可以到中国参加国际大赛,这时外国选手参加的是国际赛事,只不过它是在中国举办的而已;外国选手也可以基于合同,参加中国的各种俱乐部比赛。但这时,外国选手只能基于合同享有针对雇主的权利,他不享有针对中国这个国家的积极权利,而只享有请求中国尊重其体育权的权利,即自由面向的消极权利。

### 3. 组织的体育权主体地位问题

组织的体育权主体地位问题,涉及对体育权内涵的理解。前已述及,体育权的核心内涵是身体的运动权。无论是学校体育、社会体育,还是竞技体育,莫不与身体运动相关。因此,如果狭义理解体育权,那么组织是不享有体育权的。因为,组织无法真正享有身体运动的权利。直白地说,是因为组织没有可资运动的"身体"。

---

❶ 李震山. 多元、宽容与人权保障:以宪法未列举权之保障为中心 [M]. 台北:元照出版公司,2005:178.
❷ 陈华荣. 我国体育权利概念认识:困境与发展 [J]. 天津体育学院学报,2009 (6).

换句话说，公民体育权本质是一项个人性权利。体育权本身的性质决定了任何组织体不可能成为其权利主体。实际上，扩展而言，"人权的主体"主要是个人。一是因为任何人权的实际享有者必然是"自然人"；二是绝大多数情况下，在立法、执法和司法等人权保障机制中，人权的诉求者和受保护者都是以个人面目出现的。❶ 即使"宪法在满足特定条件的情况下将法人视为基本权利主体的目的仍是保护自然人，而非法人本身"❷。国外有学者甚至十分干脆地指出，只有个人才能拥有人权。❸

体育权属于由作为自然人的公民个人所享有的权利，而不属于由组织享有的集体性权利。因为，虽然体育有集体项目，但其仍是以个体运动为基础。黄世席教授认为，体育权利兼具个人人权和集体人权的属性，这取决于体育运动的方式和其他成员的数量。❹ 这种观点实际混淆了个人权利与集体权利的类型化标准。易言之，一项权利并不能因为其参加的主体多而增变为集体权利，也不能因为其参加的主体少而减变为个人权利。相似的例子，如财产权是一项个人性权利，那么即使 50 万人共有，它本质上仍是一项个人性权利。一般而言，集体性权利，是指那些个人不能单独行使而只能作为一个成员参加的权利，如生存权、发展权等。从这一意义上说，认为体育权利是生存权、发展权的重要体现的观点❺，也是似是而非的。就公民体育权而言，因为法人或非法人组织不可能运动，因此也就不可能是公民体育权的主体。因为，如前所述，公民体育权是一项关涉身体运动的权利。总之，公民体育权，归根到底属于一项个人性权利。它以实现人的尊严❻为最高价值追求，以提高公民身体素质和健康水平为现实

---

❶ 广州大学人权理论研究课题组. 中国特色社会主义人权理论体系论纲 [J]. 法学研究, 2015（2）.

❷ 陈征. 国家权力与公民权利的宪法界限 [M]. 北京：清华大学出版社, 2015：138.

❸ 唐纳利. 普遍人权的理论与实践 [M]. 王浦劬, 等译. 北京：中国社会科学出版社, 2001：16.

❹ 黄世席. 国际体育运动中的人权问题研究 [J]. 天津体育学院学报, 2003（3）.

❺ 陈远军, 常乃军. 试论公民体育权利的社会实现 [J]. 体育文化导刊, 2006（12）.

❻ 有学者指出："无论是自由权还是平等权，其核心内涵均是人的尊严。人的尊严在宪法上是分析和判断很多问题的标准和尺度。"陈征. 国家权力与公民权利的宪法界限 [M]. 北京：清华大学出版社, 2015：3.

目标。

## (二) 公民体育权的义务主体

"没有无义务的权利,也没有无权利的义务。"[1] 根据权利义务的统一性,公民享有基本权利,意味着有其他主体负有尊重、保护或者促进这项权利的义务。一般而言,人权实现的义务主体,包括国家、国际组织、非政府组织和个人。[2] 公民体育权的义务主体主要涉及"谁来保障"的问题,与公民体育权的权利主体("谁受保障")形成对照范畴。

### 1. 体育权的主要义务主体是国家

如前所述,宪法关系中最重要的一对法律关系是"公民权利—国家义务"[3]。"国家存立的终极目的是保障人权,国家义务与人权互为条件。"[4] 有的国家宪法明确规定公民权利的国家义务。例如,《俄罗斯联邦宪法》(1993年)第2条规定:"人和人的权利与自由具有至高无上的价值。承认、遵循和维护人和公民的权利与自由是国家的责任。"[5]《德意志联邦共和国基本法》(1949年)第1条第3款规定:"下列基本权利作为可直接实施的法律,使立法、行政和司法机构承担义务。"[6] 也就是说,"基本权利主要是针对国家的,是对国家行为的限定和约束,其他主体对基本权利承担义务在基本权利保障体系中只是次要的和辅助的"。

对于体育权而言,所谓国家义务是指国家有义务采取各种措施促进公民体育权的实现。即国家必须采取适当的措施包括制定法律、确立具体的行政措施、提供公正的司法救济等,以实现公民的体育权。

---

[1] 中共中央马克思恩格斯列宁斯大林著作编译局. 马克思恩格斯全集(第17卷)[M]. 北京:人民出版社,1995:476.

[2] 广州大学人权理论研究课题组. 中国特色社会主义人权理论体系论纲[J]. 法学研究,2015(2).

[3] 在公民权利和国家义务之间存在一个中间环节,即国家权力。因为尊重和保障公民权利、履行国家义务,都必然诉诸国家权力。同[2].

[4] 蒋银华. 论国家义务概念之确立与发展[J]. 河北法学,2012(6).

[5] 姜士林. 世界宪法全书[M]. 青岛:青岛出版社,1997:825.

[6] 同[5]791.

第一，国家有义务根据宪法为公民提供公共体育服务。[1] 根据《宪法》第21条第2款，国家有义务创造各种各样的条件和设施来保证公民体育权。该规定明确了国家的政治责任和义务，明确了国家兴办体育的方向、内容与目标，并明确了体育的公共性，意味着国家建立相关制度必须要服从于上述方向、内容和目标。而根据《宪法》第46条第2款规定，国家对青少年和儿童的体育教育负有义务与责任。根据《宪法》第89条第（七）项的规定，国务院享有领导全国体育工作的职权。这一职权，既是权力所在，也是责任和义务所依。

第二，制定法律。国家应当制定法律将宪法上的公民体育权具体化为法律权利，如制定体育法等，也包括完善体育法律法规体系。

第三，行政实施。包括抽象地制定行政法规、规章，采取措施对损害公民体育权的行为的监督和制裁，还有是主动提供相应的体育设施。例如，现在广大的城乡地区越来越多地从体育彩票基金中支出建设体育休闲设施的资金。

第四，司法救济。后将述及，公民体育权的本质是一种分享权，它经由立法和行政措施具体化后，就具有了请求司法救济的品格。

一般而言，根据基本权利的性质，可以将其分为"主观权利"和"客观的法"两种。作为"主观权利"的基本权利有两项功能，一是防御权功能；二是受益权功能。防御权功能对应国家的尊重义务（消极义务），而受益权功能对应国家的给付义务；作为"客观的法"的基本权利功能是"客观价值秩序功能"，对应国家的保护义务。给付义务和保护义务共同构成国家积极义务。[2]

---

[1] 这一分析，借鉴了陈国栋博士对受教育权的有关分析思路。陈国栋. 作为社会权的受教育权：以高等教育领域为论域 [J]. 苏州大学学报（哲学社会科学版），2015 (3).

[2] 张翔. 基本权利的规范建构 [M]. 北京：高等教育出版社，2008：45. 也有学者指出，社会权的国家义务体现在三个层级：国家尊重义务，国家积极义务和国家给付义务。尊重义务包括防御性的国家义务和职责性的国家义务。职责性的国家尊重义务是指国家权力的行使要有利于公民社会权的实现，充分重视公民社会权的诉求。张震. 社会权国家义务的实践维度：以公租房制度为例 [J]. 当代法学，2014 (3). 笔者认为，比较而言，张翔教授关于"国家义务"的观点逻辑脉络更清楚，更值得赞同。

尊重义务，是指对于公民基本权利国家不干涉，主要适用于传统的自由权（精神自由、政治自由和经济自由）。"尊重义务是国家义务首要的、最根本的、最主要的义务。"❶ 对于公民体育权而言，尊重义务是指国家不能恣意侵犯公民接受体育教育、进行体育运动和参加体育竞赛的自由权利。

给付义务，是指国家为公民基本权利的实现而向公民提供物质利益或者与物质利益相关的服务的义务。❷ 对于公民体育权而言，给付义务是指国家（主要是通过行政机关❸）为公民接受体育教育、进行进行运动和参加体育竞赛提供公共服务，如为居民小区免费安装公共体育设施、修建公共体育场馆、举办体育运动会、发放体育运动补贴，等等。

保护义务，包括两个层面，一是"制度性保障"，指国家立法机关必须通过制定法律建构制度，以进一步明确宪法上基本权利的具体内涵，保障基本权利的实现；二是"狭义保护义务"，指国家保护公民免受来自第三方侵害的义务。❹ 对于公民体育权而言，国家的保护义务，不仅有义务制定法律预防、禁止或惩罚国家机关、社会团体或者其他个人对公民体育权的侵犯；还包括为促成公民体育权的实现：①立法机关有积极制定法律予以落实的义务；②行政机关有制定具体实施方案，包括经费拨付、人员配备、项目实施与评估等义务；❺ ③一定的司法救济❻。

---

❶ 龚向和，刘耀辉. 基本权利的国家义务体系 [J]. 云南师范大学学报（哲学社会科学版），2010（1）.

❷ 张翔. 基本权利的规范建构 [M]. 北京：高等教育出版社，2008：92.

❸ 在现代社会，"通过行政行为向人民提供福利、服务以满足人民生存和发展的需求，已经成为现代国家责无旁贷的任务。"章剑生. 现代行政法基本理论（上卷）[M]. 北京：法律出版社，2014：18.

❹ 同❷114，119.

❺ 例如，《国务院办公厅关于强化学校体育促进学生身心健康全面发展的意见》（国办发〔2016〕27号）规定，学校要切实保证学生每天一小时校园体育活动。《全民健身条例》（2009年）第13条则规定："国务院体育主管部门应当定期举办全国性群众体育比赛活动；国务院其他有关部门、全国性社会团体等，可以根据需要举办相应的全国性群众体育比赛活动。地方人民政府应当定期举办本行政区域的群众体育比赛活动。"

❻ 郑贤君. 社会基本权理论 [M]. 北京：中国政法大学出版社，2011：79.

2. 公民体育权的其他义务主体

公民体育权的主要义务主体是国家，但并不意味着义务主体只是国家。除了国家之外，国际组织、社会组织以及个人都是广义的公民体育权的义务主体，笔者认为，可以称他们为公民体育权的补充义务主体。例如，联合国大会1999年3月8日第53届会议第144号决议通过的《关于个人、群体和社会机构在促进和保护普遍公认的人权和基本自由方面的权利和义务宣言》强调"各国负有首要责任和义务促进和保护人权和基本自由"，同时明确提出"个人、群体和社团有权利和义务在国家一级和国际一级促进对人权和基本自由的尊重，增进对人权和基本自由的认识"。当然，这些义务主体所负的义务内容是不同的，如个人主要负有尊重他人体育权的义务，而国际组织则主要是通过人权的国际保护机制履行义务。此外，在特定情况下，法人或非法人组织也可能成为公民体育权的义务主体，如我国《全民健身条例》（2009年）第12条第2款规定："国家机关、企业事业单位和其他组织应当在全民健身日结合自身条件组织本单位人员开展全民健身活动。"第16条又规定："工会、共青团、妇联、残联等社会团体应当结合自身特点，组织成员开展全民健身活动。"

## 二、公民体育权的核心内容

探讨公民体育权的宪法保障问题，需先明确公民体育权的主要内容，因为这关系到公民体育权的保护范围，即哪些权利需予以宪法层面的保障。也可以把公民体育权的核心内容简约为："保障什么？"。如高秦伟教授所言，每种权利都有一个最低限度的内容，这些最低限度的内容是确保各项权利的最低限度的本质部分，这是实现每个国家所义不容辞的最低限度的核心义务。[1] 本书在对既有文献观点进行评议的基础上，试着提出以下看法。

---

[1] 高秦伟. 论作为社会权的健康照护权[J]. 江汉论坛，2015（8）.

## (一) 既有文献中的观点评说

于善旭教授将公民体育权的主要内容归纳为三个方面，分别是：①公民体育权利是社会个体作为权利主体对与体育相关利益的追求和维护；②公民体育权利是以立法者为代表的社会对权利主体各种体育利益要求的态度；③公民体育权利是权利主体在法定范围内对各种体育行为的选择自由。❶ 这个内容归纳，实质上是对公民体育权性质的总结，而体育权核心内容则没有充分体现。

张振龙等学者认为，体育权利的核心内容是体育教育和体育运动。该观点认为，这两项核心子权利紧密相连，如果只讲体育教育权，则体育权利没有独立存在的意义；如果只讲体育运动权，则不能保证其逻辑统一。❷ 应该说，这一界定关照到体育教育和体育运动两个方面，但体育运动实质上还可以再类分为社会体育运动和竞技体育运动，而且这种分类不仅有实定法的支持，还有强烈的现实意义，因为群众体育和竞技体育差别确实很大。

也有学者认为，公民体育权的内容包括运动的权利和与运动相关的权利。与运动相关的权利主要包括从事体育科学研究的权利、体育教育的权利、体育文化的权利等。❸ 这一界定，显然过于宽泛。还有更为宽泛者，如张厚福教授认为，体育权利首先可以划分为普通公民的体育权利和体育劳动者的体育权利。在此基础上，他认为，体育权利包括参加权、平等权、健康权、自由选择权、娱乐权、教育权、劳动权、名誉荣誉权、获得社会保障权、对外交往权、管理监督权和知识产权等；进而，他还提出，公平竞争权是运动员最重要的权利，知识产权是教练员最重要的权利。❹ 显然，这是一个不折不扣的"关于体育"的权利的大杂烩。这种认识，根本没有揭示"体育权利"的本质特征。张厚福教授在其另一本与人合作的

---

❶ 于善旭. 再论公民的体育权利 [J]. 体育文化导刊, 1998 (1).
❷ 张振龙, 等. 体育权利的基本问题 [J]. 体育学刊, 2008 (2).
❸ 常乃军, 陈远军. 公民体育权利本质探析 [J]. 体育学刊, 2008 (12).
❹ 张厚福. 体育法理 [M]. 北京：人民体育出版社, 2001：238-240.

著作中，将体育权利分解为国家体育行政机关的职权、国家体育公务员的职权、体育社会团体的权利、公民参与体育活动的权利和从事体育劳动公民的权利等。[1] 如果体育权的内容包括这些，那么以权利视角看来，不仅显得十分混乱，而且混淆了国家机关职权与公民权利，毫无启迪智识之功。

笔者认为，首先，公民体育权的内容与公民体育权的概念直接相关。可以说，有什么样的体育权概念，便有什么样的体育权内容。现在对体育权内容的梳理，实质上是对体育权概念的再解读。事实上，1978年《国际体育运动宪章》第2条明确指出："体育运动是全面教育体制内一种必要的终身教育因素。"第2条第1款又指出："体育运动作为教育与文化的一个基本方面，必须培养每个人作为与社会完全结合的成员所应具备的能力、意志力和自律能力。必须由一项全球性的、民主化的终身教育制度来保证体育活动与运动实践得以贯彻于每个人的一生。"第2条第3款又规定："各种全面教育体制都必须给体育运动以必要的地位和重视，以便在体育活动和教育的其他组成部分之间取得平衡并加强联系。"因此，体育权核心内容不能缺失体育教育的内容。其次，要考虑把体育运动的内容类分成社会体育和竞技体育更有利于公民体育权的保障和实现。

### （二）本书之观点

综合以上对既有文献关于体育权内容的梳理和基本认识，本书认为，公民体育权是一个由多个具体权利构成的权利束，其核心内容包括以下三个方面。

#### 1. 接受身体教育的权利

接受身体教育权即与公民受教育权有交叉和重合之处。也可以说，接受身体教育是公民受教育权的内容之一。我国确立了培养青少年在智力、体育、道德、美育、劳动等方面全面发展的教育方针。身体教育一向被视

---

[1] 张厚福，罗嘉司. 体育法学概要 [M]. 北京：人民体育出版社，1998：103.

为教育的重要内容。《宪法》第46条规定："中华人民共和国公民有受教育的权利和义务。国家培养青年、少年、儿童在品德、智力、体质等方面全面发展。"这一规定，说明受教育权与体育权在内容上存在交叉。

2. 从事体育运动的权利

体育运动是公民的一种自然权利。只要有合适的空间和时间，公民便可以从事各种可能的体育锻炼。例如，室外可以随时打羽毛球、跑步、踢毽、跳广场舞，等等，不一而足，难以尽举。

3. 参加体育竞赛的权利

参加体育竞赛的权利，指任何公民享有平等的机会和资格参加各种体育比赛。这一权利主要体现"机会面前人人平等"，或者说"资格面前人人平等"。运动员参加体育竞赛的权利，主要从公平参赛权角度而言。但是，这项子权利也并非只是职业运动员才能享有。例如，很多城市举办的马拉松跑步比赛，更多的是业余爱好者参加。

此外，其他一些权利，可能与公民体育权密切相关，但那不属于体育权的核心内容，如体育工作者也享有结社的权利、劳动权，等等。由于这些非核心权利不涉及公民身体的运动，因此属于可以通过其他途径获得保障的权利，不必纳入公民体育权的范畴。

## 第三节 公民体育权与邻接概念的区别与联系

"所有的研究探索，皆是藉由类比度量方法，透过比较为之。"[1] 体育权与其他诸多宪法权利关联密切，因而有必要对其与其他宪法权利之间的交叠、重合等关系进行必要的揭示。

---

[1] 李建良. 人权理念与宪法秩序：宪法学思维方法绪论［M］. 台北：新学林出版股份有限公司，2018：93.

## 一、体育权与休息权

通常情况下,休息权是指劳动者享有的在职业工作之外,自由安排活动的权利。❶ 休息权的内涵包括劳动者的休息权和休养权。《宪法》第43条第1款规定:"中华人民共和国劳动者有休息的权利。"此谓宪法理论上的休息权。《世界人权宣言》第24条规定:"人人有享有休息和闲暇的权利,包括工作时间有合理限制和定期给薪休假的权利。"《经济、社会和文化权利国际公约》也对休息权作出了类似的规定。

之所以将休息权与体育权关联起来,是因为部分学者认为,休息权中内含着体育权。❷ 据郑贤君教授研究,《波兰宪法》(1952年)在休息权中提到体育问题,其第59条规定休息的组织、旅行、疗养所、体育设备、文化宫、俱乐部、阅览室、公园及其他休息处所的发展,造成城乡日益广大的劳动人民健康和文化娱乐的可能条件。❸ 无疑,体育活动是人类休息的一种重要方式,而且呈现日益重要的趋势。但是,也只能说,体育活动是休息的一种方式而已。有如上述,休息权与体育权内涵有明显不同。同时,二者的权利主体不同。至少在《宪法》上,休息权主体是指"劳动者"。❹ 在宪法解释学上,狭义"劳动者"仅指在国有企业中工作的员工;在扩大意义上,包括一切非政府雇员的任何性质企业中的工作人员;❺ 在广义上,则包括公务员和事业单位的一切职工。比较而言,体育权的权利主体则没有特别限制。无论如何,休息权的主体不是全体公民,因为从语义学角度而言,无劳动者,谈不上休息问题。

---

❶ 蓝寿荣. 休息何以成为权利——劳动者休息权的属性与价值探析 [J]. 法学评论,2014(4).

❷ 冯玉军,季长龙. 论体育权利保护与中国体育法的完善 [J]. 西北师大学报(社会科学版),2005(3).

❸ 郑贤君. 社会基本权理论 [M]. 北京:中国政法大学出版社,2011:27-28.

❹ 韩大元,林来梵,郑贤君. 宪法学专题研究 [M]. 北京:中国人民大学出版社,2004:379.

❺ 同❸204.

## 二、体育权与受教育权

受教育权是公民接受文化、科学等方面的教育、训练的权利。[1] 教育与体育的确堪称与人类社会发展联系最为紧密的两个领域。《宪法》第46条规定:"中华人民共和国公民有受教育的权利和义务。国家培养青年、少年、儿童在品德、智力、体质等方面全面发展。"由此可见,受教育权中包括身体教育,即狭义上的体育。本书此前在探讨体育权概念时提到,学校体育是教育的一个重要方面。因此,受教育权与体育权在学校体育这一内容上存在交叠。另外,从宪法规范看,即义务教育阶段的受教育权同时还是公民的一项义务。由此,也可推知,在义务教育阶段,公民也有接受身体教育(体育)的义务(而不仅是权利)。由于"教育,构成个人为形成其人格,并在社会中过有意义生活所不可欠缺的前提"[2],因此国家介入教育内容的目的在于维持教育内容的全国性水准,"以期望培育重视个人尊严、希求真理与和平的人类"[3]。在现代教育制度中,体育几乎是从学前教育一直到大学本科教育的必修课。因而,如有学者指出,各级各类学校的学生接受体育教育,既是受教育权的体现,也含有体育权利的成分。[4]

由上可见,体育权与受教育权存在显著的差别。体育权的主要内容包括公民接受身体教育、从事体育运动和参加体育竞赛等方面的权利。受教育权的核心内容是学习权利,即适龄儿童和青少年为主体的权利主体享有接受教育并通过学习而在智力和品德等方面得到发展的权利、义务教育的无偿化和受教育机会的均等等方面权利。[5] 当然,从广义而言,受教育权的权利主体包括成年公民,但是大学生的受教育权往往被称为学习权,而

---

[1] 焦洪昌. 宪法学 [M]. 第2版. 中国人民大学出版社, 2014: 106.
[2] 芦部信喜. 宪法 [M]. 第3版. 林来梵, 等译. 北京: 北京大学出版社, 2006: 238.
[3] 同[2]372.
[4] 于善旭. 再论公民的体育权利 [J]. 体育文史, 1998 (1).
[5] 许崇德. 宪法 [M]. 北京: 中国人民大学出版社, 2014: 171.

且更加强调其自由权的面向,❶ 更加强调其学习选择权能。

### 三、体育权与文化权

文化权利作为法律概念,正式出现于1966年的《经济、社会和文化权利国际公约》。该公约第15条第(一)项规定:"参加文化生活、享受科学进步及其应用所产生的利益以及对其本人的任何科学、文学或艺术作品所产生的精神上和物质上的利益,享受被保护之权利。"文化权利是与公民权利、政治权利、经济权利、社会权利相并列的权利类型。❷ 体育权与文化权既有关联,也有区别。第一,权利内涵不同。如前所论,体育权的内涵是指公民在接受体育教育、从事体育运动和参加体育竞赛等方面的权利。而文化权是指公民享受文化成果、参与文化活动、开展文化创造的权利。❸ 我国台湾地区许育典教授指出:"狭义的文化仅涵盖传统的国家文化政策范围,即教育、科学与艺术。"❹ 广义的文化则可指人类活动的总和,即"文明"。也就是说,如果把"文化"理解成广义的"文明",那么,文化权包括体育权,否则文化权无论如何是涵盖不到体育权的。第二,主体不同。文化权利主体有个体层面和集体层面两个维度。个体文化权利侧重于参与自由及分享文化成果等权能;集体文化权利侧重于不同文化的尊重和并存。❺ 而体育权主体限于公民个体,前已述及,集体体育权是一个似是而非的概念。由此可见,文化权更多的是和文学、艺术相关的

---

❶ 倪洪涛. 大学生学习权及其救济研究:以大学和学生的关系为中心 [M]. 北京:法律出版社,2010:76. 当然,也有学者更加强调了高等教育领域中作为社会权的受教育权。陈国栋. 作为社会权的受教育权:以高等教育领域为论域 [J]. 苏州大学学报(哲学社会科学版), 2015(3).

❷ 郑贤君. 社会基本权理论 [M]. 北京:中国政法大学出版社,2011:280.

❸ 艺衡,任珺,杨立青. 文化权利:回溯与解读 [M]. 北京:社会科学文献出版社, 2005:12-13.

❹ 许育典:"文化基本权作为文化宪法的建构",许育典. 权利保护之理论与实践:曾华松法官古稀祝寿论文集 [M]. 台北:元照出版有限公司,2006:59;郑贤君. 社会基本权理论 [M]. 北京:中国政法大学出版社,2011:291.

❺ 郑贤君. 社会基本权理论 [M]. 北京:中国政法大学出版社,2011:284.

权利，外延扩大到科学可能也是合适的，而扩大到体育则不免有些牵强。

当然，体育权和文化权在满足人的精神需要层面上具有相似性。例如，文学艺术和体育都可以让人在潜移默化中得到真、善、美的熏陶和感染，引起道德、情操、理想、教养等方面深刻而积极的变化，培养人们正确的人生观和健康的人文素质，极大地促进人类文明的健康发展和社会进步。❶ 同时，体育运动、体育规则及体育精神，无疑是人类创造的灿烂文化中的重要内容。例如，奥林匹克运动会本身堪称人类四年一度的盛大的文化现象。特别对于群众体育，参加体育活动，无疑属于一种广义的文化活动。以至于有人称："不包括体育权利的文化和社会权利，就不是完全的权利。"❷

从实证法角度看，《吉尔吉斯共和国宪法》（1993 年）、《土库曼斯坦宪法》（1992 年）等都在文化权利下规定了体育问题。❸

## 四、体育权与健康权

追求身心健康，是人类的普遍需求。体育运动是增进身心健康的一种重要方式。《亚美尼亚共和国宪法》（1995 年）、《白俄罗斯共和国宪法》（1996 年）、《保加利亚共和国宪法》（1991 年）、《俄罗斯联邦宪法》（1993 年）、《立陶宛共和国宪法》（1992 年）、《乌克兰宪法》（1996 年）、《西班牙宪法》（1978 年）、《匈牙利共和国宪法》（1990 年）、《智利共和国政治宪法》（1980 年）等都将体育规定在健康权下。❹《葡萄牙共和国宪法》（1982 年）第 64 条第 2 款规定："……通过推动专业的与大众的体育运动之发展……使人人享有健康保护权。"可见，该宪法也是在健康权下，把体育作为提升健康的重要手段，接着在该宪法第 79 条又独立、明确地规定了体育权。

《宪法》第 21 条规定："国家发展医疗卫生事业，发展现代医药和我国

---

❶ 郑贤君. 社会基本权理论 [M]. 北京：中国政法大学出版社，2011：298.
❷ 童宪明. 体育权利特点与构成要素研究 [J]. 体育文化导刊，2007（2）.
❸ 参见本书第四章第一节有关内容。
❹ 参见本书第四章第一节有关内容。

传统医药，鼓励和支持农村集体经济组织、国家企业事业组织和街道组织举办各种医疗卫生设施，开展群众性的卫生活动，保护人民健康。国家发展体育事业，开展群众性的体育活动，增强人民体质。"从宪法解释学角度而言，将国家对体育事业发展的倡导和国家保护人民健康的承诺规定在一个条文中的第一二款，这充分说明健康权与体育权具有较为紧密的亲缘关系。在笔者看来，这至少说明健康权和体育权属于"兄弟姐妹关系"。不过，健康权与体育权一样，在我国宪法上还不是一项实证化的权利。

但是，健康权与体育权的不同更加明显。第一，人类健康权的保障并不局限于体育这一种途径，所有的娱乐形式一定程度上都有放松身心的效果。第二，体育的功能也不仅限于促进人的身心健康，而是有利于促进人的充分和平衡发展；有利于促进人际交流、相互尊重和了解；有利于促进人际之间的团结友爱。

## 五、结语

"观念与概念的离合、现实境况与概念图像的契阔，时时影响着人的认知世界与思维判断。"[1] 之所以要把体育权放到宪法权利体系中去考察，不仅因为进一步廓清其基本意涵的需要，也是探索其有效实现路径的需要。如前所述，体育权与公民的休息权、受教育权、文化权、健康权以及人的尊严权利、平等权等密切相关，因此体育权的实现不是一个可以单兵演进的事情，而是一个与其他权利相互关联、相互促进、相互支撑的事情。也因此，可以通过促进上述这些权利的保障，从而间接地保障体育权的实现。同时，从公民体育权与邻接概念的区别与联系中可以看出，作为社会权面向的积极权利，公民体育权具有鲜明的受益权属性，它的实现往往需要政府积极介入。

---

[1] 李建良. 人权理念与宪法秩序：宪法学思维方法绪论[M]. 台北：新学林出版股份有限公司，2018：95.

# 第三章　公民体育权的权利属性

探讨公民体育权的权利属性，实质是试图刻画公民体育权的"精神品质"、诠释公民体育权的"义理结构"。本章将递进式分析作为宪法权利的体育权、作为宪法权利中社会权面向的体育权和作为社会权衍生出来特别强调分享权功能的体育权三个不同层次的权利属性。经过如此探赜索隐，我们便可能发现一个内涵更加充盈、层次更加丰富、逻辑更加清晰的公民体育权。

## 第一节　作为宪法权利的公民体育权
### ——一个"半真正未列举权"的视角

宪法具有"人权保障根本法"的地位。在内容丰富、种类繁多的庞大的权利体系中，我们把那些具有重要地位，并为人们所必不可少的权利，称为基本权利。❶ 显然，并非所有的权利都受法律保护，更无可能都受到宪法保护。宪法所能、所要保障的那些权利，一定是权利清单中最普遍、最重要的那些，即基本权利。所谓"基本"是指那些重要的、基础的和根本的权利。显然，"何谓重要"是一个高度主观性的价值判断。❷ 很多宪法权利，在早期，往往都是限于作为一种政治宣言或国家政策的指导原则被提出的，但随着政治经济社会文化的发展，将这种权利具体化、法律化的

---

❶ 林来梵. 宪法学讲义 [M]. 北京：法律出版社，2011：195.
❷ 韩大元，王建学. 基本权利与宪法判例 [M]. 北京：中国人民大学出版社，2013：24.

必要性就凸显出来。例如，社会保障权、劳动权、受教育权等都是如此，体育权亦相类似。本节拟从宪法文本出发，主要在宪法规范层面，以宪法学上的"半真正未列举权"为理论视角，对作为宪法权利的体育权予以论证，以求对进一步丰富公民体育权的研究有所裨益。

## 一、宪法上的"未列举基本权利"理论

### （一）"未列举基本权利"的概念

宪法未列举权，也称为宪法上概括、未明定、无名、未名权利。❶ 宪法作为国家根本大法，对公民权利不可能详列无遗。特别是，随着一国经济、社会、政治、科学、教育、思想文化等的发展，一些新的权利有上升为宪法保护的需求。而宪法的变迁则需要许多法定的程序和机缘。因此，一段时间内（这个时间段可能很长），一些原来不重要的权利，现在变得重要；一些原来不应进入宪法的权利，现在变得应该。但囿于宪法修改的刚性程序，宪法权利的文本出入，往往历时很久。另外，成文宪法受制于语言文字本身的局限，宪法已经列举的一些权利的内涵也或会产生重新解释的需求。总之，公民权利在宪法上无法做到应举尽举，于是就产生了宪法未列举权利的现象。

### （二）"未列举基本权利"的分类

李震山教授将所谓台湾宪法未列举权类分为：非真正未列举权、半真正未列举权及真正未列举权。

所谓非真正未列举权，是指一种权利虽然并未明确出现在宪法文本之上，但"从实质而言，它可能已在宪法明示、明定或列举自由权利之保护或射程范围内"。所谓半真正未列举权，是指一种权利的内容已有部分在

---

❶ 李震山. 多元、宽容与人权保障：以宪法未列举权之保障为中心［M］. 台北：元照出版公司，2005：3.

列举权保障范围内，但无法涵盖全部，而尚需补充保护的权利，如健康权。而真正未列举权，是指宪法未明示或列举，也不属于固有权性质，不能由如基本国策指导保障的权利，如隐私权。❶ 也就是说，根据未列举权基本理论，只有那些宪法未明示或列举，亦不属于固有权之性质，而且也无法由列举权利推衍或由基本国策推导保障的权利，才可称为真正未列举基本权。❷

## 二、作为"半真正未列举权"的公民体育权

如上所述，"半真正未列举权"，是指如果某项权利虽然未在宪法"权利清单"上明确规定，但如果能够从其他章节，特别是从"基本国策"（大体相当于《宪法》❸ "总纲"）中寻找到依据，那么这项权利就属于"半真正未列举权"，它仍在"列举权利"之列，该项基本国策即可作为保障之依据。❹ 依照这一理论，笔者认为，体育权当属我国宪法上一项"半真正未列举权"。

### （一）体育权在《宪法》"公民的基本权利和义务"章中没有明确列举

通观我国现行《宪法》文本，在"公民的基本权利和义务"一章中，没有规定体育权。"公民的基本权利和义务"一章，可谓我国《宪法》的"权利法案""权利清单"。既然在《宪法》"权利清单"中难觅体育权的踪影，那么可以说，体育权尚不是"基本权利俱乐部"的成员。

---

❶ 屠振宇博士认为隐私权属于宪法上未明确列举之权利。屠振宇. 宪法隐私权研究：一项未列举基本权利的理论论证 [M]. 北京：法律出版社，2008.
❷ 李震山. 多元、宽容与人权保障：以宪法未列举权之保障为中心 [M]. 台北：元照出版公司，2005：19-20.
❸ 本书所指《宪法》，除有特殊说明外，均指现行《宪法》。该部《宪法》于1982年制定，并历经1988年、1993年、1999年、2004年、2018年五次修订。
❹ 同❷29.

## （二）体育权无法根据其他权利条款直接推衍

如前所述，如果一项权利，虽然未由宪法明定，但如果能够由既有已明定的权利内涵包括，当可通过宪法解释予以推衍，那么这种权利仍属于"非真正之未列举权"。我国很多学者也认为，体育权属于一种推定权利。学者们所列能够据以推衍体育权的基本权利概有受教育权[1]、文化权[2]、休息权[3]和生命健康权[4]，等等。但这些认识和主张，由于缺少抽丝剥茧式的宪法规范解释，不免显得有些武断。笔者认为，体育权不能由其他基本权利推衍而出。其原因可分述于次。

首先，受教育权难以涵盖体育权。公民受教育权确实与公民体育权有紧密关系。可以说，"体育"即"身体教育"的简称。但也正因如此，受教育权与体育权的内涵明显不同。众所周知，在我国，受教育权的内容除了"体育"之外，还有德育、智育、美育、劳动教育等人格形成和全面发展所不可或缺的多方面的内容。[5] 公民体育权除了接受学校身体教育的权利之外，还包括从事体育运动的权利和参加体育竞赛的权利，等等。因此，除在"接受身体教育权利"这一内容上存在交叉外，公民受教育权是无法容纳公民体育权的其他方面内容的。

其次，体育权不属于文化权利范畴。《宪法》第 47 条规定："中华人民共和国公民有进行科学研究、文学艺术创作和其他文化活动的自由。国家对于从事教育、科学、技术、文学、艺术和其他文化事业的公民的有益于人民的创造性工作，给以鼓励和帮助。"于善旭教授就此认为，体育应该包括在"其他文化事业"之中，认为这属于"具体权利列举省略的推

---

[1] 王岩春，高晓春. 体育权利本质探析 [J]. 浙江体育科学，2006（3）.
[2] 于善旭. 论公民的体育权利 [J]. 体育科学，1993（6）；张杰. 公民体育权的内涵与法律地位 [J]. 体育学刊，2006（5）.
[3] 冯玉军，季长龙. 论体育权利保护与中国体育法的完善 [J]. 西北师大学报（社会科学版），2005（3）.
[4] 张杰. 公民体育权的内涵与法律地位 [J]. 体育学刊，2006（5）.
[5] 我国《宪法》第46条规定："中华人民共和国公民有受教育的权利和义务。国家培养青年、少年、儿童在品德、智力、体质等方面全面发展。"

定",因而可以"推定从事体育创造性工作的公民享有被鼓励和帮助的权利"❶。笔者认为这是一种误解。

就《宪法》而言,其对文化权利采取的是列举兼概括的方式,即除了对"科学研究"和"文学艺术创作"予以明确确认之外,对其他权利是以概括方式进行确认的。从宪法解释学上说,确实如学者们所指出的那样,"其他文化活动"包括宪法虽没有明确列举,但属于文化活动的那些内容,它们同样受到宪法保护。❷但问题是,体育是否属于一种典型的文化活动,其实是有待商榷的。为彻底厘定这一问题,让我们把目光转向宪法文本,因为离开宪法文本的任何理论争辩都是空洞的。笔者认为,从宪法解释学而言,《宪法》第47条中所谓"其他文化活动""其他文化事业"都应该指的是能与"教育""科学研究""文学艺术"等在基本属性、学理内涵等方面"等质齐观"的"文化活动"。体育活动是否属于"其他文化活动""其他文化事业"呢?如果我们把宪法作为一个体系来看,或许可以看得更为清楚。《宪法》第21条第1款规定:"国家发展医疗卫生事业,发展现代医药和我国传统医药,鼓励和支持农村集体经济组织、国家企业事业组织和街道组织举办各种医疗卫生设施,开展群众性的卫生活动,保护人民健康。"第2款规定:"国家发展体育事业,开展群众性的体育活动,增强人民体质。"第22条第1款规定:"国家发展为人民服务、为社会主义服务的文学艺术事业、新闻广播电视事业、出版发行事业、图书馆博物馆文化馆和其他文化事业,开展群众性的文化活动。"第2款规定:"国家保护名胜古迹、珍贵文物和其他重要历史文化遗产。"由此可见,从《宪法》规范看,体育与健康亲缘上更近一些,因为它们规定在宪法同一条的不同款中;而体育与文化则明显属于"远亲",因为它们分别规定在宪法不同的条之中。由此可以说,从宪法规范上解释,无法把体育容纳进"其他文化活动""其他文化事业"之内。也因此,体育权利当然不在已为宪法所明确列

---

❶ 于善旭. 论公民的体育权利 [J]. 体育科学,1993 (6).
❷ 郑贤君. 社会基本权理论 [M]. 北京:中国政法大学出版社,2011:168.

举的"文化权利"的保护"射程"之内。

再次，体育权利也无法通过休息权推出。《宪法》第 43 条第 1 款规定："中华人民共和国劳动者有休息的权利。"据此可知，休息权是宪法明确列举的基本权利。但如前所述，在我国宪法理论中，休息权指的是劳动者所享有的特定权利，是劳动者在劳动之后为消除疲劳、恢复劳动能力所必需的条件。[1] 也就是说，我国宪法中休息权的权利主体是"劳动者"，休息权是对那些已经参加"劳动"的公民而言的。比较而言，体育权的权利主体没有特别限制，没有参加劳动的公民，同样享有体育权。另外，劳动者休息的方式有多种，体育活动仅是可供劳动者选择的一种休息方式而已。除此之外，旅游、唱歌、甚至看电视、打麻将等活动都可以达到放松身心的效果。因此，如果就此认为休息权中内含体育权，通过保障休息权，体育权即能落到实处，诚属牵强。

最后，公民体育权也不能由生命健康权导出。生命健康权系公民应当享有的"固有权利"，其不待宪法列举而自明。事实上，我国宪法也没有明确规定生命健康权。根据前述宪法未列举基本权利理论，如果试图说明公民体育权系推定权利，也需要从宪法已经明确列举的基本权利中推衍，而不能从一项同样未明确列举的基本权利中推衍，即使其为一项"固有权利"，亦无理由例外。对公民体育权的尊重当然有利于生命健康权的保障。但这不等于说，生命健康权内含体育权。况且，作为社会权面向的公民体育权，需要国家财政支持，其本身并非宪法上不言自明的固有权利。

综上所论，根据宪法既已明列的基本权利清单，与体育权有紧密联系的受教育权、文化权和休息权，分别分析其保障范围，无法得出体育权已内含于个别或多个已列举的基本权利概念"射程"之内的结论。而为学者们所津津乐道的、我国宪法同样未予明确列举的生命健康权，更难称体育权的文本依托。也就是说，尽管体育权与受教育权、文化权、休息权、生

---

[1] 林来梵. 从宪法规范到规范宪法：规范宪法学的一种前言 [M]. 北京：法律出版社，2001：219.

命健康权等有着千丝万缕的联系，但各项权利的保护范围无法充分、完全地将体育权包含。因此，它们并非"直接完整"地保障"体育权"的依据。

### （三）《宪法》"总纲"已经宣告"体育"的重要性

通观我国现行宪法文本，一方面，的确并无"体育权利"字样，因此表面来看，如果体育权利具备基本权利的品格，那也是《宪法》未列举的基本权利；另一方面，《宪法》"总纲"部分，具体而言，就是我国宪法第21条第2款规定："国家发展体育事业，开展群众性的体育活动，增强人民体质。"也就是说，尽管《宪法》没有明确列举"体育权"，但对"体育"还是作出了倡导性规定的。有学者指出，整个宪法"总纲"实际是对国家根本任务在宪法内的具体诠释。❶ 笔者认为，也可以把宪法"总纲"理解为国家意欲实现的愿景目标的概括、集中宣示。但是，"总纲"中规定"国家发展体育事业，开展群众性的体育活动，增强人民体质"，这只是强调国家发展体育事业、保障公民体育权的客观义务，而并不构成公民的主观体育权利，即公民不得直接向国家主张其体育权。事实上，"总纲"中载明的国家发展愿景和倡导的价值，只算是宪法发给国家立法机关的"立法清单"，立法机关有义务采取适当措施落实。但是，何时落实、以何种形式落实，均属于立法机关的"形成自由"。在宪法中，纲领性条款也被称为"国家方针条款""国家目标条款""纲领性宪法"❷，在宪法文本上称为"基本国策""总纲""国家一般政策与原则"，等等。有学者认为，纲领性条款虽然是"具有政策构造的法规范"，但也蕴含权利和原则的构造。而基于其内涵的权利核心与原则构造，也可以形成一种有拘束力的"客观价值秩序"，构成立法机关建构各种国家制度时应当尊重的基础性原则，以及行政机关和司法机关在执法和司法时所必须遵循的指

---

❶ 陈玉山. 论国家根本任务的宪法地位 [J]. 清华法学，2012（5）.
❷ 如国外学者指出，"纲领性宪法规划了制宪时期认为适合需要的发展道路，以确保占统治地位的政治观点能在将来得到贯彻。"亨克·范·马尔塞文，格尔·范·德·唐. 成文宪法：通过计算机进行的比较研究 [M]. 陈云生，译. 北京：北京大学出版社，2007：289.

导原则。❶

另外，我国宪法关于体育的规定，其句式是一个规范性的陈述语句，它确立了国家的任务。其主语是国家，即国家是"发展体育事业、开展群众性的体育活动、增强人民体质"的承担者。发展一词，根据《现代汉语词典》（第6版）的解释，其意指"事物由小到大、由简单到复杂、由低级到高级的变化"。事实上，如果我们把上述第21条第2款的内容转换成应然模式的规范表述，则是："国家应该发展体育事业，国家应该开展群众性的体育活动，国家应该增强人民体质。"也就是说，国家应该采取措施完成上述任务，这些措施包括立法、行政和司法各种国家权力行为。

李震山先生认为，规定在"基本国策"部分的公民权利，与基本权利保障范围重叠部分，应可直接作为保障的依据。而如若"基本权利"章还未予明确列举，即表示宪法有意消减其作为基本权利主观功能。至于何种权利宜在"基本国策"中过渡（如社会权、环境权、文化权、甚至动物权），或移置"基本权利"章，乃是制宪或修宪的形成自由，其必先考虑人民需求、国家财力、物力。总之，修宪或制宪者的权力，应受尊重。❷对于宪法中规定的"基本国策"条款，其最终实现不仅需要国家负有一种消极不侵犯的尊重义务，而且还强调立法机关有义务制定具体法律，进而明确社会权实施的相关概念、标准与程序等。❸

总之，从宪法学的角度审视，"基本权利并不以宪法规范明确规定者为限，宪法明确规定的往往是最主要的、最急需保护的权利，但宪法规范不可能将所有的基本权利都一览无余……除了宪法明确规定的权利之外，

---

❶ 潘昀. 论宪法上的"社会主义市场经济"：围绕宪法文本的规范分析 [J]. 政治与法律, 2015（5）.

❷ 李震山. 多元、宽容与人权保障：以宪法未列举权之保障为中心 [M]. 台北：元照出版公司, 2005：435.

❸ 邓炜辉. 论社会权的国家保护义务：起源、体系结构及类型化 [J]. 法商研究, 2015（5）.

凡是能从宪法性规范推定出来的权利均应视为公民的宪法权利。"[1] 公民体育权,是一项虽在《宪法》"公民的基本权利和义务"部分未予明确列举,但却能从"总纲"中推定出来的公民应该享有的宪法权利。我国宪法"总纲"部分的内容约与德国宪法学上"基本国策条款"相当。"基本国策条款"被认为系"国家发展的指针",所有国家权力概有遵循的义务。[2]

由于体育权具备上述三个特点,即宪法未明确列举、从其他权利难以推衍、总纲有规定。因此,依照上述对宪法上未列举权的分类,公民体育权当属我国宪法上一项"半真正未列举权"。

## 三、公民体育权的其他宪法规范依据

梳理《宪法》(1982年)文本,可作为公民体育权间接依据的还有以下文本资源。[3]

### (一)"社会主义条款"是体育权保障的基础依据

"在所有国家,共同传统都起着主要作用。"[4] 具体的而非抽象的国家概念,只有放置于特定民族历史的集体记忆中才能逐渐清晰起来。《宪法》第1条规定:"中华人民共和国是工人阶级领导的、以工农联盟为基础的人民民主专政的社会主义国家。社会主义制度是中华人民共和国的根本制度。禁止任何组织或者个人破坏社会主义制度。"这就是我国宪法中的"社会主义条款"。正如郑贤君教授所指出:"社会主义宪法有一套基于自己的价值选择和经济基础的规范概念和应然命题,其评价事实的标准有别

---

[1] 徐秀义,韩大元. 现代宪法学基本原理 [M]. 北京:中国人民公安大学出版社,2001:123.
[2] 李震山. 多元、宽容与人权保障:以宪法未列举权之保障为中心 [M]. 台北:元照出版公司,2005:28.
[3] 以下这个分析框架系受张震博士有关研究成果的启发,谨致谢忱。张震. 宪法上住宅社会权的意义及其实现 [J]. 法学评论,2015(1).
[4] 狄骥. 宪法学教程 [M]. 王文利,等译. 沈阳:春风文艺出版社,1999:46.

于资本主义宪法，特别是自由资本主义宪法。"❶ 因此，她提醒说，看待《宪法》应坚持社会主义意识。要特别注意社会主义宪法与资本主义宪法的区别。与自由主义宪法相比，社会主义宪法追求平等价值，在公民基本权利体系中，更加注重对公民社会经济文化权利的保障。❷ 观照中国法制实践，她进一步认为，"不能因为社会主义国家开展得令人遗憾的宪法事实而否定和摈弃其宪法理想上相对于自由宪法的先进性，从而完全抹杀和否认其在比较宪法史的价值"❸。张震博士也曾提及，社会主义宪法与资本主义宪法最大的区别可能在于，社会主义宪法从其功能取向和价值定位上，体现在要求国家积极介入私人关系，积极创造条件实现社会安全和正义，它的特质在于，为公民提供更多的社会福利。❹ 总之，我国社会主义国家与德国所谓"社会国家"具有精神上的联系。❺ 社会主义国家为国民提供适当福利，乃"社会主义"这一概念应有之义。因此，在国家财力允许前提下，尽可能向国民提供更多"社会权"保障，事所当然，理所当然。

另外，体育与教育类似，它具有"准公共产品"的特征，因此完全依赖市场化的价格机制，不可能取得供需平衡。国家有必要予以适当干预。对公民体育权实现而言，国家应积极提供最低限度的公民体育权实现和保障的物质条件和财政支持。

### （二）"人权条款"是体育权入宪的现实"接口"

域外许多法治国家宪法中多有所谓"一般权利条款"。例如，《德意志联邦共和国基本法》（1949 年）规定："人的尊严不可侵犯。尊重和保护

---

❶ 郑贤君. 社会基本权理论 [M]. 北京：中国政法大学出版社，2011：71.
❷ 同❶153.
❸ 同❶21.
❹ 张震. 1982 年宪法与人权保障 [M]. 北京：法律出版社，2012：43-44.
❺ 王贵松. 行政活动法律保留的结构变迁 [J]. 中国法学，2021（1）. 近似地，狄骥也早就指出："'社会法'学说其实应被更准确地称'社会主义'学说。"狄骥. 宪法学教程 [M]. 王文利，等译. 沈阳：春风文艺出版社，1999：8.

人的尊严是全部国家权力的义务。"❶《俄罗斯联邦宪法》（1993 年）第 17 条第 1 款规定："根据公认的国际法原则和准则并按照本宪法，俄罗斯联邦承认并保障人和公民的权利与自由。"❷ 美国宪法第九修正案也规定："本宪法对某些权利的列举，不得被解释为否定或轻视由人民保留的其他权利。"❸《日本国宪法》（1947 年）第 13 条规定："一切国民都作为个人受到尊重。对于国民谋求生存、自由以及幸福的权利，只要不违反公共福祉，在立法上及其他国政上都必须予以最大尊重。"❹

《宪法》第 33 条第 3 款规定："国家尊重和保障人权"。这被视为《宪法》的"概括性权利条款"❺"概括性人权保障条款"❻"黄金储备条款"❼。对于"人权条款"入宪，学者们给予了高度评价。王广辉教授指出："这一规定突破了长期以来我们在人权和公民基本权利关系上人为设置的障碍，拓宽了从理论上界定基本权利的视野，为我们对宪法基本权利的完善提供了很好的契机。"❽ 张清博士等认为，"人权条款"入宪，标志着人权原则作为宪法原则的确立，表明宪法以外还有基本人权，意味着对那些已具备基本权利品格但宪法却没有明示规定的人权给予同样的尊重和保障。该条款不仅涵盖宪法具体列举的宪法权利，而且将未列举的宪法权利容纳进来；不仅被写入宪法和法律的人权要得到尊重和保护，而且未写入宪法的人权也要得到尊重和保护，从而为人权保障提供了宽阔的发挥空间。❾ 章剑生教授也指出，这一宪法规范，不仅重新厘定国家与个人之间的关系，也为国家设定了两项义务，第一，国家应当

---

❶ 姜士林. 世界宪法全书 [M]. 青岛：青岛出版社，1997：791.
❷ 同❶827.
❸ 同❶1619.
❹ 同❶385.
❺ 张清，顾伟. 居民自治权论要 [J]. 南京大学法律评论，2013（2）：57.
❻ 孙凌. 论住宅权在我国宪法规范上的证立：以未列举宪法权利证立的论据、规范与方法为思路 [J]. 法制与社会发展，2009（5）.
❼ 李震山. 多元、宽容与人权保障：以宪法未列举权之保障为中心 [M]. 台北：元照出版公司，2005：4.
❽ 王广辉. 论宪法未列举权利 [J]. 法商研究，2007（5）.
❾ 同❺62.

以消极的不作为之方式尊重个人的自由选择；第二，国家应当以积极作为方式保障个人的权利实现。❶ 总之，这一规定使宪法权利具有广阔开放性和无限成长性。

从宪法规范体系看，《宪法》的"人权条款"规定在"公民基本权利和义务"一章第一条，居所有具体权利之首，因此具有一般条款的性质，即该款与其他宪法明确列举的各具体权利条款是一般和具体的关系，也是普通条款和特别条款的关系。因而，它有统帅各具体权利的功能，是一切宪法权利的纲领，同时也为"未列举权利入宪"提供了现实"接口"。林来梵教授认为，该条属于宪法解释学上的所谓"概括性条款"，具有作为宪法上没有列举的新人权的依据。❷ 孙凌博士也指出："'人权条款'系所有基本权利的根源，即该条款除了发挥'堵截'宪法列举基本权规范漏洞之功能外，还与所有的其他基本权规范形成'包容'关系，成为宪法人权体系中的'一般性规定'或'母体'，从而将宪法列举的权利与未列举的权利悉数囊括。"❸

国家尊重和保障的人权，当然包括体育权在内。虽然体育权未为宪法所明确列举，但不排除宪法选择适当时机实现对它的明确。如前所述，《宪法》第33条第3款规定的"人权条款"，即是现实的"接口"。

### （三）"行政职权条款"体现体育权保障的政府义务

根据《宪法》第89条第7项之规定，国务院"领导和管理教育、科学、文化、卫生、体育和计划生育工作"。根据《宪法》第107条第1款规定，县级以上地方各级人民政府依照法律规定的权限，管理本行政区域内的经济、教育、科学、文化、卫生、体育事业、城乡建设事业和财政、民政、公安、民族事务、司法行政、计划生育等行政工作。根据《宪法》第119条规定，民族自治地方的自治机关自主地管理本地方的教育、科学、

---

❶ 章剑生. 现代行政法基本理论（上卷）[M]. 北京：法律出版社，2014：211.
❷ 林来梵. 宪法学讲义 [M]. 北京：法律出版社，2011：213.
❸ 孙凌. 论住宅权在我国宪法规范上的证立：以未列举宪法权利证立的论据、规范与方法为思路 [J]. 法制与社会发展，2009（5）.

文化、卫生、体育事业，保护和整理民族的文化遗产，发展和繁荣民族文化。上述关于中央政府、县级以上人民政府及民族自治地方自治机关（本书在此仅指民族自治地方行政机关，不包括其权力机关）的权限的规定都明确包含"体育"或"体育事业"。这既是对政府的授权，同时也是对政府的赋责。这说明，公民体育权的实现，是政府要完成的义务。前有述及，国家存在的正当性即在于保障公民基本权利。因此，政府要履行的义务，对应着自然是公民的基本权利。

## 四、结语

未列举基本权利理论认为，宪法所列举的公民权利，并非毫无缺漏。宪法权利清单当然有必要根据一国客观的现实政治情势而有所变动，它并不以宪法已列举者为限。为了与时俱进，减少因宪法存有缺漏而对公民权利保障之不周，要么运用宪法修正的方法将相关公民权利明确载入宪法，要么运用宪法解释的方法解决。而宪法解释方式，一是利用宪法既有自由权利，推衍出相关自由；二是以基本国策作为保障宪法未列举权利之依据；三是以宪法人权保障的概括条款为依据；四是在解释中直接指出某项宪法未明确列举权利应予保障。❶ 总之，在《宪法》"公民的基本权利和义务"章之外的权利，是否属于基本权利，实有述明之必要。

在现代社会中，体育权已关乎公民人格全面发展和人性尊严，因此有通过宪法予以保障的重要意义。但运用宪法解释方法试图从其他权利直接推衍体育权颇为勉强。而从《宪法》"总纲"关于"国家发展体育事业，开展群众性的体育活动，增强人民体质"的规定，应不难推出国家负有保障或促进公民体育权利的义务。因此，体育权诚属我国宪法上"半真正未列举权"。但是，进一步言之，鉴于中国习于"实证主义"为思考主轴，❷因此若能在宪法上对体育权予以明确宣告，最为妥当。事实上，我国宪法

---

❶ 李震山. 多元、宽容与人权保障：以宪法未列举权之保障为中心 [M]. 台北：元照出版公司，2005：3-4.

❷ 同❶121.

关于"国家尊重和保障人权"的规定，为我国宪法发展出体育权预留了现实"接口"。

## 第二节　作为社会权的公民体育权

"生活不止眼前的苟且，还有诗和远方"。人们在解决了吃饱穿暖等基本生活需求之外，追求"健康且具文化意义"的生活状态，诚属人性之必然。从这一意义上说，体育权的提出，反映了人类生活的历史性进步。作为公民所（应）享有的、为国家所（应）保障的接受体育教育、从事体育活动、参加体育竞赛的权利，体育权除了要求国家履行尊重的消极义务之外，主要是要求国家履行保护和实现的积极义务。因此，公民体育权具有鲜明的社会权特征。本节在厘清宪法基本权利分类的基础上，试图描绘公民体育权的社会权面向。这有助于深化和扩展学术界对公民体育权的科学认识。更为重要的是，由于不同性质的基本权利对应不同性质的国家义务，因此明确公民体育权的社会权面向，有助于完整理解和精准界定国家在保障体育权实践中的义务及其限度。

### 一、公民体育权的产生发展体现了社会权理念

#### （一）宪法上自由权与社会权的分类

宪法上的基本权利原本是从 18 世纪的自由权和平等权观念发展起来的。其基本思想是保护公民不受国家侵犯，而不是赋予公民个人得到国家保障的权利。[1] 随着社会经济文化科技的发展，人权谱系和权利观念都有了扩展，一个重要的变革，就是社会权挤入原由自由权占据的宪法文本并有日益扩张的趋势。

所谓"社会权"，也可称其为社会基本权、社会福利权、社会权利等

---

[1] 谢立斌. 宪法社会权的体系性保障：以中德比较为视角［J］. 浙江社会科学，2014（5）.

权利。它实际是包括社会、经济、文化等方面权利在内的一个总的指称，而并非专指某一特定权利。一般认为，社会权大规模入宪始于德国《魏玛宪法》。❶自那以后，社会权与自由权便成为宪法基本权利最为常见的一种分类。当然，自由权也指的是一类权利，而非某一具体权利。尽管有学者认为，传统自由权逐渐生出社会权的侧面，社会权天然带有自由权的侧面，自由权与社会权的二分法已然崩溃。❷但仍然得承认，自由权和社会权的二分法是对宪法权利的基本分类方法。❸

"所谓归类，是指对相同或类似的行为做同样的符号化处理。"❹自由权与社会权的分类，依据的是国家公权力保护人权的方式和人权实现的模式。在权利领域，一直存在一个基本的二元对立，即消极权利与积极权利的对立。❺自由权和社会权对应的这种分类，与消极权利和积极权利的分类紧密相连。❻作为宪法学上的概念，所谓消极权利，是指个人要求国家权力作出相应不作为的权利，自由权大体属于这一类型；积极权利则指个人的要求国家权力作出积极作为的权利，参政权和社会经济权利皆属这一类型。❼简单地说，自由权属于"消极权利"，其本质是争取个人自由，不希望国家干预，对应国家的消极义务，要求国家不作为，也被称为"第一代人权"；主要包括人身自由、精神自由和经济自由。社会权则指那些需要国家加以干预、支持、促进或资助的"积极权利"，其本质在于促进社会平等，对应国家的积极义务，也被称为"第二代人权"；从内容上看，

---

❶ 事实上，稍晚些时候，美国总统罗斯福的第二权利法案也被视为多个国家宪法社会权的来源。第二权利法案甚至被称为是"美国主要的出口品"。桑斯坦. 罗斯福宪法：第二权利法案的历史与未来 [M]. 毕竞悦, 高瞰, 译. 北京：中国政法大学出版社, 2016：3.

❷ 张翔. 基本权利的规范构建 [M]. 北京：高等教育出版社, 2008：39 - 42.

❸ 我国民国期间著名宪法学家张知本先生在其所著《宪法论》中将宪法权利类分为自由权和受益权。但从其对受益权外延（诉讼权、诉愿权、行政诉讼权、教育受益权、经济受益权）的界定看，与本书此处所谓社会权不尽相同。张知本. 宪法论 [M]. 殷啸虎, 李莉, 勘校. 北京：中国方正出版社, 2004：131 - 140.

❹ 谢晖. 法律方法论：文化、社会、规范 [M]. 北京：法律出版社, 2020：102.

❺ 谭安奎. 福利权与西方现代秩序的脆弱性 [J]. 南方周末, 2015 - 06 - 04 (C20).

❻ 广州大学人权理论研究课题组. 中国特色社会主义人权理论体系论纲 [J]. 法学研究, 2015 (2).

❼ 林来梵. 宪法学讲义 [M]. 北京：法律出版社, 2011：216.

主要包括如受教育权、劳动权、休息权等。下文将说明，公民体育权也属于社会权的"家族成员"。社会权与自由权一样，也与人类尊严相关，也"是以作为一个'人'的立场，要求国家必须要建立某些社会福利制度及提供服务，使国民的生活，可以享有最起码的人类尊严"❶。而"第三代人权"则指国家或民族的生存权、发展权等所谓"集体权利"。在国际人权法上，大体而言，自由权对应着《公民权利和政治权利国际公约》规定的权利；社会权对应着《经济、社会和文化权利国际公约》规定的权利。一般而言，自由权更加强调形式平等，而社会权更加强调实质平等。正如郑贤君教授所指出的，社会权只是一个笼统的指称，其内容包含社会和经济两方面的内容，广义的社会权还包括文化权利。❷

社会权与自由权的分野，实质反映不同的国家观念。"任何的公法制度都只有在明确认可以下规则之约束力的基础上才可能行之有效：第一，掌权者不能做某些事情；第二，有些事情又是掌权者必须做的。"❸ 大体而言，自由权对应国家不能做的某些事情（消极权利），而社会权对应国家必须做的某些事情（积极权利）。自由权以个人主义为出发点，社会权则以全体社会为出发点。"自由权系以否定国家干涉的自由国家、消极国家为基础的、要求国家的不作为的请求权。社会权则是以广泛认可国家干预的社会国家、积极国家的思想为前提的、请求国家积极作为的权利（只是并非具体性的请求权）。"❹ 自由权强调的是"免于国家干涉的自由"，其产生与实现不需要多少额外条件。社会权的保障方式则与国家财政资源和社会政策直接相关，它又被称为"由国家给予照顾的自由"。也有的著作将自由权和社会权分别表述为"无需政府的自由"与"通过政府的自由"。❺

应该说，作为一种研究方法，对宪法权利做"自由权"和"社会权"

---

❶ 陈新民. 宪法学释论论 [M]. 台北：三民书局，2018：299.
❷ 郑贤君. 社会基本权理论 [M]. 北京：中国政法大学出版社，2011：3.
❸ 狄骥. 公法的变迁 [M]. 郑戈，译. 沈阳：春风文艺出版社，1999：35.
❹ 芦部信喜. 宪法 [M]. 第3版. 林来梵，等译. 北京：北京大学出版社，2006：84.
❺ 桑斯坦. 罗斯福宪法：第二权利法案的历史与未来 [M]. 毕竞悦，高瞰，译. 北京：中国政法大学出版社，2016：19.

的分类,是有一定积极意义的。但其缺陷则是,"忽视了国家为人权综合性实现所负义务的复合性特征"❶。公民自由权和公民社会权之间具有相互关联性和不可分割性。因此,他们的截然区别已经不甚明显。权利的整体概念在1977年即被联合国大会的一个决议所采纳。该决议确认所有权利具有相互关联性,相互支持,不可分割。也就是说,"自由权和社会权不应被机械地割裂"❷"那种认为人权可以做机械分类的观点已成昨日黄花。更多的人们开始趋向于认为,人的尊严的实现是需要不同面向的多重权利合力维护的事情。这是一种更接近事物本质的认识"❸。在今天,虽然自由权与社会权的分类自有其意义,但当我们继续沿用自由权和社会权这种二元对立的分类时,对此种理论走向,不可不察。

## (二) 公民体育权的产生发展深受社会权理念的影响

体育权的产生与提出,是社会权观念影响扩展的重要反映。原本,社会权理念是为实现社会正义,即对遭受来自"社会"的"不利"影响的特定弱势群体的权益进行"补救"。其最初强调的是:"要求国家给予积极照顾,以使社会性的、经济性的弱者能够营构'值得作为人的生活'的权利。"❹ 但是,"权利的概念是人类社会发展到特定历史阶段的产物"❺。权利的内涵与外延也必定要随着社会经济的发展而不断变化。社会的飞速发展使利益的样态呈现更加多样化、差异化和复杂化的趋势。与此相适应,作为利益法律化形式的权利的种类也更加丰富和多彩;同时,每一具体权利的内容也逐渐增多。人及人类活得要有意义,仅谋求"生物性"的生存是不够的,在"活着"的基础上,还要追求"更好地活着"。远在古希腊,柏拉图就指出:"在城邦的基础阶段,其目的已不是单纯地生存,而是舒

---

❶ 大沼保昭. 人权、国家与文明:从普遍主义的人权观到文明兼容的人权观 [M]. 王志安,译. 北京:生活·读书·新知三联书店,2003:221.
❷ 郑贤君. 社会基本权理论 [M]. 北京:中国政法大学出版社,2011:118.
❸ 同❷17.
❹ 芦部信喜. 宪法 [M]. 第3版. 林来梵,等译. 北京:北京大学出版社,2006:83.
❺ 方新军. 权利概念的历史 [J]. 法学研究,2007 (4).

适地生活了。"❶ 他甚至生动入微地叙述道："奢侈城邦中的人也想要柔软的床铺、可口的小菜、护肤软膏、熏制食品、可人的少女、焙制的糕点及绘画。"❷ 随着社会国家（福利国家）观念的日益拓展，社会权利的阵营日益扩大，其所包含的内容也不再局限于维持生存的最低限度意义上的国家照顾，而是有了新的标准和内涵，内容也大为扩展。"宪法规定的事项领域，已经超出生活本身的基础内容范围之外，进一步延伸到文化、教育、经济与社会性的目标直到体育上面。"❸ 从现实来看，除了传统的劳动权、休息权、物质帮助权等之外，住房权、环境权、文化权、受教育权、体育权等，都被视为社会权阵营中新的重要成员。1943 年，美国时任总统罗斯福发给国会的第二权利法案清单中就包括"休息、娱乐和冒险的权利，拥有享受生活和促进文明的机会"❹。

古典论的国家责任是消极的，"管得最少的政府是最好的政府"是彼时国家理论的最好诠释。但在现代社会，"最小的统治才是最好的统治"的重农主义思想已经破产；罗伯特·诺奇克关于"最低限度国家"（即"守夜人式国家"）的主张也早已被实践所摒弃。❺ 特别是，"传统以自由主义和功利主义为根基的基本权利理论越来越难以适应社会情势的变迁。如果仍将基本权利的功能定位于自由主义式的解读，将其视为保障自由、控制国家权力的防御权，则不免失之狭隘。"❻ 因为，随着现代大工业发展带来的一系列社会问题的出现，人们发现自由放任的市场能够解决一切问题的信条，仅是一种神话。由此，即使最为倡导自由主义的国家也改变了其对待社会仅问题的态度。正如美国杰出的法学家凯斯·R. 桑斯坦在其

---

❶ 赫费. 政治的正义性 [M]. 庞学铨，李张林，译. 上海：上海译文出版社，1998：201.
❷ 同❶215.
❸ 黑塞. 联邦德国宪法纲要 [M]. 李辉，译. 北京：商务印书馆，2007：164.
❹ 桑斯坦. 罗斯福宪法：第二权利法案的历史与未来 [M]. 毕竞悦，高瞰，译. 北京：中国政法大学出版社，2016：81.
❺ 在诺奇克看来，"甚至一个最小限度的国家或者看守人式的国家，都是对个人缺乏保障的状况作出的不受欢迎却又无法避免的回应。"他认为："国家没有积极的（再分配的）功能，因为这样的功能必然会侵犯个人权利。国家的唯一职责在于保护个人的自由和所得物。"马肖. 行政国的正当程序 [M]. 沈岿，译. 北京：高等教育出版社，2005：198.
❻ 李忠夏. 基本权利的社会功能 [J]. 法学家，2014（5）.

一部颇负盛名的著作中指出的那样，一些人认为，只要把政府"抛诸脑后"，权利就能得到最好保证是十分荒唐的。事实上，坚持想要"最小政府"的人，也需要非常大的政府。"即使最大声反对政府干预的人，每天也依赖着政府。他们自己的权利不是来自最小化的政府，而是政府的产物。""最消极的自由也需要一个积极的政府。"❶ 又如德国学者赫费所指出："即使正义的法和国家或许甚至为幸福、自我实现和参与提供行动空间，也只是涉及使这些行动成为合法的基本条件，还没有涉及它们真正的实现。"❷ 法国著名公法学者狄骥也指出："个人主义的危险性不比任何其他的伦理体系更小，因为它实际上完全是一种形而上学的假设。并且，它除了能够在我们要求政府履行某种积极义务的时候，反而引起某种消极义务的产生，就再也看不出有任何其他的作为了。"❸ 因此，一种"最好的政府，最多的服务"的国家理论出现了。❹ 在这一理论观照下，国家只有积极采取措施对待社会矛盾，维护社会团结与稳定，积极促进整个社会的福利水平，其政权才具有正当性。❺ 我国学者江必新、邵长茂也认为："一百多年前人们'远离'政府与一百多年后人们'亲近'政府——一个典型的否定之否定周期——描述了政府与公民关系的重大转型：前者是人们在政府的控制与压迫下追求自由，后者则是人们在与政府的合作中享受服务。"❻ 国家对体育事业发展的责任，正是随着国家职能的拓展而展开的。这既是公民体育权提出的时代背景，也凸显其所具有的理论意义与实践价值。

---

❶ 桑斯坦. 罗斯福宪法：第二权利法案的历史与未来 [M]. 毕竞悦，高瞰，译. 北京：中国政法大学出版社，2016：4, 19, 187.

❷ 赫费. 政治的正义性 [M]. 庞学铨，李张林，译. 上海：上海译文出版社，1998：408.

❸ 狄骥. 公法的变迁 [M]. 郑戈，译. 沈阳：春风文艺出版社，1999：48.

❹ "国家"这一概念源于 15 世纪的意大利，起初表示对权力的占有，后来表示政治性组织，最后表示政治的统一体和共同体。赫费. 政治的正义性 [M]. 庞学铨，李张林，译. 上海：上海译文出版社，1998：47.

❺ 陈新民. 公法学札记 [M]. 北京：中国政法大学出版社，2001：79.

❻ 江必新，邵长茂. 共享权、给付行政程序与行政法的变革 [J]. 行政法学研究，2009 (4).

### (三) 公民体育权本质上属于社会权

"作为人，自由的实现是多面的，既需要免于政府干预的消极自由，亦需要政府积极介入和干预的积极自由，二者缺一不可。"❶ 因此，所有自由权都有社会权的面向；同样地，所有社会权也都有自由权的面向。公民体育权也兼具自由权和社会权双重属性，是一项复合权利。它既有不被恣意侵犯的"消极权利"属性，也具有要求国家主动作为的"积极权利"属性；既具有"请求国家给付"的受益权面向，也具有"防止国家侵害"的防御权面向。即体育权同时具有防御国家与依靠国家的功能。体育权的真正实现，既需要国家履行"保护和促进"的积极义务，也需要国家履行"尊重"的消极义务。借鉴高秦伟教授对健康权研究时的观点，公民体育权，"既非是不需要政府公权力过度介入的领域，也非国家意志完全形成的自由领域且无公众主张权利的空间"；既具有"请求国家给付"的受益权面向，也具有基于宪法客观价值与人权基本理念决定的作用，包括"防止国家侵害"的防御权面向，还有要求国家保护免于被社会上具有优势地位者破坏的保护请求权面向。❷

在 17、18 世纪自然法思想中，权利就是自由之义。近代宪法也深受个人主义与自由主义思想的影响。宪法权利极端强调尊重个人，以个人为主体，以个人为唯一目的，重视个人之尊严。❸ 马君硕也指出，19 世纪法治主义本以保障个人自由及权利为主，现代法治国家则以国家及社会利益为重。❹ 与近代市场经济的自由放任主义及近代"夜警国家"的国家理念相对应，经济自由与人身自由、精神自由一起被并称为近代宪法的"三大自由"。公民体育权，首先也是指公民个人享有自由地参加体育活动，国家不得不当干涉的权利。公民体育权的自由面向，属于固有权层次，即自由

---

❶ 郑贤君. 社会基本权理论 [M]. 北京：中国政法大学出版社，2011：54.
❷ 高秦伟. 论作为社会权的健康照护权 [J]. 江汉论坛，2015 (8).
❸ 黄越钦. 劳动法新论 [M]. 北京：中国政法大学出版社，2003：52.
❹ 马君硕. 中国行政法总论 [M]. 北京：商务印书馆，1947：50 – 51；王贵松. 行政活动法律保留的结构变迁 [J]. 中国法学，2021 (1).

属性的公民体育权不待宪法规定而自明。固有权的特征是具有普遍性与永久性，不问何地、何时、何人，皆能普遍享有。显然，只要参加体育锻炼不损害国家、社会或者其他公民的合法权益，国家是没有理由干涉公民自由行使体育权的。例如，公民跑步锻炼，国家即使不主动提供场所助力公民体育权的实现，但不干涉还是应该能够做到的。体育权必然意味着公民拥有选择进行或不进行体育活动的自由，即使是在义务教育中的身体教育内容方面无可选择，但在选择学校方面还是具有一定权利的。

但是，19世纪中叶以后，自由放任主义政治哲学开始让位于国家干预主义。社会权随之兴起。总体而言，兼含社会给付请求的人权发展，是20世纪以降发生的事。❶ 这种剧烈的社会变迁引致的权利观念和权利类型（实际是自由权与社会权并列）的变迁，也深刻反映了宪法上权利由个人本位向团体主义变化的历史趋势。❷ 正如德国著名法哲学家赫费所言："现代宪法国家不是近代的发明，而是法和国家长期发展的结果。"❸ 公民体育权的社会权面向，则属于需要国家积极促进的层次。即是说，公民体育权有防御国家侵害的面向，也有积极请求国家保障的面向。

但进一步而言，不得不承认，公民体育权的受益功能远远重于其防御功能。或者说，如果为公民体育权画像，其受益功能与防御功能正好是构成"阴阳脸"，无疑地，其防御功能处于阴影区，并不显在。公民体育权所具有的时代意义，主要在于其社会权面向。或者说，公民体育权的本质是社会权。

就我国而言，自由权面向的体育权保障问题并不突出。也就是说，国家做到尊重公民体育权在理论上没有障碍，但社会权面向的体育权保障问

---

❶ 李建良. 人权理念与宪法秩序：宪法学思维方法绪论［M］. 台北：新学林出版股份有限公司，2018：17.

❷ 龚祥瑞先生曾提出"个人本位的法理学正在让位给团体主义的法理学"是公民权利问题的新动向。龚祥瑞. 比较宪法与行政法［M］. 第2版. 北京：法律出版社，2003：132-137. 林来梵教授则指出，这种转向并不绝对：其一，有许多国家并未完全转向，一些国家转化程度则较低；其二，西方法律中的权利本位主义价值取向并未发生改变。林来梵. 从宪法规范到规范宪法：规范宪法学的一种前言［M］. 北京：法律出版社，2001：317.

❸ 赫费. 政治的正义性［M］. 庞学铨，李张林，译. 上海：上海译文出版社，1998：153.

题则未受到足够重视。例如,在学校体育方面,体育教师数量还不充足,体育教育内容由于缺乏资金支持还远谈不上丰富,甚至有个别偏远地区中小学的体育教育由于场地所限还处于原始状态;在全民健身方面,国家对体育设施的投入尚未达到与国民收入同步增长;在竞技体育方面,国家对体育竞赛的举办和管理仍有进一步提高的空间,等等。

总之,笔者认为,在现代社会,公民体育权之所以受到关注,主要不是因为它的自由权面向,而是它的社会权面向。即当我们谈到公民体育权时,主要不是想强调它有不受国家恣意干涉的一面,而是想强调它有由国家积极促进的一面。可以说,如果仅把体育权当作自由权对待,那么体育权在宪法上存在的必要性并不大,因为国家公权力干涉公民体育自由权的可能性不大、必要性基本谈不上。因此,体育权的发展方向是社会权面向的制度构建。社会权面向才是体育权得以存在的正当性基础。

## 二、公民体育权的功能定位彰显了社会权色彩

如前所述,就我国1982年宪法而言,在"公民的基本权利和义务"一章并没有明确规定公民体育权。但从宪法解释学上,《宪法》第21条第2款规定的"国家发展体育事业,开展群众性的体育活动,增强人民体质"条款,即我国公民体育权的宪法文本依据。❶ 根据宪法学理论,宪法基本权利一般具有两方面的功能,即"主观公权利"功能和"客观价值秩序"功能。笔者认为,公民体育权的功能具有鲜明的社会权色彩,主要体现为一种"客观价值秩序"。

### (一) 宪法基本权利功能的双重性质理论

德国宪法学理论认为,基本权利具有"主观公权利"和"客观价值秩序"双重性质。所谓"主观公权利",是指"个人得以向国家主张"的权

---

❶ 高景芳. 论公民体育权的宪法属性:一个"半真正未列举权"的视角[J]. 武汉体育学院学报, 2016 (8).

利。之所以称为主观公权，"有以自己为主体，并得积极要求之意，所谓公权是表示与私权有别"[1]。在主观公权利面向下，基本权利的规范意蕴，对公权力机关而言，是指可由法院实施的条款，对个体而言，是公民可以向国家直接主张的文本依据。[2] 同时，基本权利又被认为是德国基本法所确立的"客观价值秩序"，公权力必须自觉遵守这一价值秩序，尽一切可能去创造和维持有利于基本权利实现的条件，在此种意义上，基本权利又是直接约束公权力的"客观规范"或者"客观价值秩序"。在客观价值秩序面向上，基本权利仅是对国家的一种约束，公民不能据此直接向国家提出主张。一言以蔽之，基本权利的主观公权利功能与客观价值秩序功能系以是否拥有直接针对国家的请求权划分的。

如上所述，"主观公权"包含防范国家恣意干涉、在请求停止侵害不能时获得司法救济的防御权功能，以及请求国家直接为特定行为以使享有特定利益的受益权功能。"客观法"则产生客观价值秩序功能，其涵盖制度保障、组织程序保障、基本权利第三人效力和狭义保护义务四个基本面向。[3] 制度性保障功能是指立法机关必须通过制定法律来建构制度，以进一步明确宪法上基本权利的具体内涵，保障基本权利的实现。组织和程序保障功能是指国家应提供适当的组织与程序，从而保证基本权利的实现。组织和程序保障也称为广义的制度性保障。国家保护义务，是指国家担负的采取措施保护基本权利免受来自第三方或者自然灾害侵犯的义务。

### （二）社会权的功能定位主要是建立"客观价值秩序"

在宪法学意义上，国家对社会权的保障义务，主要根源于宪法所确立的"客观价值秩序"功能。[4] 实际上，社会权最初出现在宪法上，一般是以纲领性条款形式出现的，它被视为宪法对国家应该追求和完成的一种目

---

[1] 李震山. 多元、宽容与人权保障：以宪法未列举权之保障为中心 [M]. 台北：元照出版公司, 2005：193.
[2] 郑贤君. 社会基本权理论 [M]. 北京：中国政法大学出版社, 2011：226.
[3] 郑春燕. 基本权利的功能体系与行政法治的进路 [J]. 法学研究, 2015 (5).
[4] 邓炜辉. 论社会权的国家保护义务：起源、体系结构及类型化 [J]. 法商研究, 2015 (5).

标、方针，相应地，国家的义务主要是政治性和道德范畴的。即是说，社会权的功能定位主要是为国家公权力提供一种"客观价值秩序"。此种情况下，作为一种"客观价值秩序"存在的社会权，它具有宪法规范属性，一切公权力机关都要受此客观秩序的约束，时刻以社会权作为其考量依据，运用一切可能的手段去促进和保障社会权的实现。它构成立法机关建构国家各种制度的原则，也是行政权与司法权在执行和解释法律时的上位指导原则。❶

虽然说，宪法基本权利支配所有公权力，包括立法、行政和司法。但是，基本权利的"主观公权利"和"客观价值秩序"两个不同的功能面向对公权力的约束是有不同选择的。"古典自由主义国家学说和古典自由主义市场经济体制的前提下，无一例外地尊奉基本权利的防御权功能，发展出以法院为中心的强调主观权利保障的法制模式。"❷ 但是，在强调宪法基本权利的客观价值秩序功能时，则比较注重立法机关与行政机关的受益型保障，而对以司法权为中心的防御型保障注重较弱。在这种意涵下，"国家的保护义务主要是立法机关的义务，也就是说，基本权利实现的各种前提性条件，主要由立法机关通过制定法律而使之完备"❸。具体言之，相较于赋予个人请求权以排除侵害的防御权功能，作为客观价值秩序的宪法基本权利，对制度保障、组织程序保障、保护义务等更为倚重，涉及资源的再分配与利益衡量，具有显著的政治特征。❹ 国家对社会权的保障，首先指国家有义务通过立法形成基本权力的核心内涵，明确其"保护取向"以及应当"如何保障"等议题。❺ 对行政机关则意味着承担以整体制度的设计促进公共福祉的形塑社会任务。❻

---

❶ 焦宏昌，张鹏. 论健康权的功能与国家义务 [M] //许崇德，韩大元. 中国宪法年刊（2008年卷）. 北京：法律出版社，2009：124.
❷ 郑春燕. 基本权利的功能体系与行政法治的进路 [J]. 法学研究，2015（5）.
❸ 张翔. 基本权利的双重性质 [J]. 法学研究，2005（3）.
❹ 同❷.
❺ 邓炜辉. 论社会权的国家保护义务：起源、体系结构及类型化 [J]. 法商研究，2015（5）.
❻ 同❷.

### (三) 公民体育权的"客观价值秩序"功能

如前所述，公民体育权的规范意蕴主要体现社会权面向。作为社会权面向的公民体育权的实现有赖于国家财政资源的二次分配和社会公共利益的再调整。因此，公民体育权的实现，主要依赖基本权利的客观价值秩序功能。宪法"体育条款"对所有国家公权力都具有约束力。但主要还是为立法、行政和司法等国家机关提供行动指南和价值准则。即国家公共权力的行使应该有助于公民体育权的实现，如开设免费的学校体育课程、建设城乡体育公共设施促进全民健身运动开展、提供（运动员）公平参加体育竞赛的机会、制定财政金融土地优惠政策措施促进体育产业发展等，否则就会丧失正当性基础。不过，由于价值指南不是具体指引而是方向指引，不是裁判规范而是行为规范，因此公民不可以直接依据宪法体育条款请求国家给付。

在具体义务的分担上，立法、行政、司法三权都负有一定的义务。但是，如前所述，对于作为社会权的体育权而言，国家保障义务主要通过立法和行政机关履行。而且，这种保障义务的履行一般不具有强制性，在何时、以何种方式履行，国家公共权力往往享有较大的自由裁量空间。在这一点上，体育权的"客观价值秩序"功能迥异于得向国家直接主张的作为"主观公权利"的基本权利的防御权功能。

## 三、公民体育权保障的国家义务突出了社会权特征

国家权力存在的正当性在于保障公民权利。因此，基本权利规定在宪法上本身即意味着需要国家保护。作为客观价值秩序存在的社会基本权，其主要义务主体也是国家。然而，尽管理论上说，社会权对一切国家公权力都具有法的约束力，但由于社会权的可司法性在世界各国都存在理论和实践上的双重难题，因此世界多数国家对社会权的保障，主要是通过立法实施和行政给付。这一点，使社会权鲜明地区别于可通过诉讼予以保障实现的自由权。公民体育权作为社会权之一，对其保障的国家义务也突出了

社会权的这一特征。

### （一）公民体育权保障中国家义务的基本体系

对于公民权利来说，国家的义务总体而言是三个方面，即尊重的义务、保护的义务和实现的义务。尊重的义务也称消极义务，保护和实现的义务又称为积极义务。

#### 1. 公民体育权保障的国家尊重义务

如前所述，公民体育权主要体现社会权面向，但其自由权的属性并未完全丧失，因此国家除了肩负保护和实现的积极义务之外，对体育权当然负有尊重的义务。尊重的义务包括尊重对体育权的平等享有；不干涉体育权的供给；不干扰与体育权相关信息的提供，等等。但正如本书前述，体育权的自由权面向的问题并不突出，应该受到重点关照的，还是体育权的社会权面向中的国家义务问题。

#### 2. 公民体育权保障的国家保护义务

公民体育权保障的国家保护义务，是指国家有义务以公共权力防范或排除他人对公民体育权的侵害或妨碍。例如，国家有义务通过立法或行政措施，保障每一公民都享有接受学校体育教育、从事体育活动和参加体育竞赛的平等机会；保证学校体育教师、社会体育指导员、竞技体育运动员、教练员和其他服务人员等能够满足适当的教育、技能和职业道德标准；保障公民获取与体育相关的信息和服务的权利，等等。当然，作为"客观价值秩序"的国家保护义务，就体育权而言，主要是指国家通过立法预防来自第三方对公民体育权的侵害或妨碍。

#### 3. 公民体育权保障的国家实现义务

公民体育权保障的国家实现义务，首先，是指在公民无法凭借自己的努力获得基本的体育公共服务时，国家有义务对其予以最低限度的帮扶。相对于自由权而言，社会权更强调国家给付义务的履行。社会权对国家的依赖程度远大于自由权。❶ 其次，公民体育权的实现尚有赖于国家履行积极义务，从立法、行政和司法等各方面努力，以保障体育权最大限度的实现。但是，应在国家的财政负担可以承受的范围之内。国家财政资源是否充裕，是包括体育权在内的所有社会权能否顺利实现的最为关键的因素。因此，所有社会权的实现，一般对政府评价的标准是，只要这种保障"越来越好"，即属正当。就我国而言，国家对体育事业的公共投入应该随着国内生产总值的提高而增长。在这方面，可资效仿的是国家教育经费投入的刚性规定。《国家中长期教育改革和发展规划纲要（2010—2020年）》第十八章"保障经费投入"部分明确提出："提高国家财政性教育经费占国内生产总值的比例，2012年达到4%。"笔者认为，体育经费的公共投入也应享有类似"待遇"。

总之，尊重的义务要求国家不得直接或间接地干涉公民对体育权的平等享有，由于这种消极不作为的义务不需要国家考虑资源有限性，因此该义务理论上能够立即实现；保护的义务与实现的义务都属于要求国家积极作为的义务，它们的实现程度与国家财政资源的多寡相关，在资源有限的情况下，国家仅需承担逐步实现的有限义务。所谓逐步实现的义务，是要求国家对体育的投入应与经济社会发展水平相当。当然，也应当看到，社会权国家义务有由弹性义务走向刚性义务的发展趋势。联合国有关组织也明确任何倒退的立法和措施都是不能被允许的原则，即社会权利的发展趋势只能往前走，而不能倒退。❷

依照前文所述，可对公民体育权保障的国家义务体系用表3.1予以说明。

**表3.1 公民体育权保障的国家义务体系**

| 义务性质 | 义务内容 | 实现时限 | 约束条件 |
| --- | --- | --- | --- |
| 尊重义务 | 消极不作为 | 可立即实现 | 与国家财力无关 |
| 保护义务 | 积极作为 | 逐步实现 | 与国家财力有关 |
| 实现义务 | 积极作为 | 无法立即实现 | 严重依赖国家财力 |

---

❶ 张震. 社会权国家义务的实践维度：以公租房制度为例 [J]. 当代法学，2014 (3).
❷ 王新生. 略论社会权的国家义务及其发展趋势 [J]. 法学评论，2012 (6).

## （二）公民体育权保障中国家机构的责任分担

在对公民体育权保障的国家义务分担上，立法、行政、司法三权都负有自己的职责。只不过，如前所述，在强调体育权的客观价值秩序功能时，则比较注重立法机关与行政机关的带有受益型特征的保障，而对以司法权为中心的防御型保障较少强调。❶

### 1. 立法机关应该积极完善体育法制体系

立法是实施经济社会文化权利首要强调的因素。就我国宪法基本权利的文本结构看，如任喜荣教授所指出的："除原则确认某一具体权利外，通常还要规定权利实现的相应的物质和法律保障，从而使基本权利的实现具有制度和现实的基础。"❷ 体育权首先是对国家建立体育制度的义务设定。体育权即使明确规定在宪法中也不意味着其能自动实现，其有效实现的第一步有赖于通过立法将其具体化、现实化。这既依赖于体育专门立法，也依赖于行政法❸、民商法❹、经济法❺甚至刑法❻等相关部门法体系得完善。在我国，各级法院在具体裁判中不得直接适用宪法条款，因此体育权更加依赖通过立法机关制定法律加以实现。立法机关主要的是承担前

---

❶ 类似地，美国前总统罗斯福认为，美国宪法第二权利法案中列举的权利"应该被视作受民主过程而非司法过程保护的宪法性承诺"。桑斯坦. 罗斯福宪法：第二权利法案的历史与未来[M]. 毕竞悦, 高瞰, 译. 北京：中国政法大学出版社, 2016: 195.
❷ 任喜荣. 中国特色社会主义宪法理论研究[J]. 当代法学, 2012（6）.
❸ 如将作为行政法规的《全民健身条例》升格为全民健身法。
❹ 如《中华人民共和国民法典》第1176条规定"自甘风险规则"。该条第1款规定："自愿参加具有一定风险的文体活动，因其他参加者的行为受到损害，受害人不得请求其他参加者承担侵权责任；但是，其他参加者对损害的发生有故意或者重大过失的除外。"
❺ 如《中华人民共和国反垄断法》《中华人民共和国反不正当竞争法》等应适当体现体育产业特殊性。
❻ 2020年12月26日，第十三届全国人民代表大会常务委员会第二十四次会议通过《中华人民共和国刑法修正案》（十一），妨害兴奋剂管理行为正式入刑。根据该修正案，"引诱、教唆、欺骗运动员使用兴奋剂参加国内、国际重大体育竞赛，或者明知运动员参加上述竞赛而向其提供兴奋剂，情节严重的，处三年以下有期徒刑或者拘役，并处罚金。""组织、强迫运动员使用兴奋剂参加国内、国际重大体育竞赛的，依照前款的规定从重处罚。"

面所谓"制度性保障义务",首先,事先通过适当的组织和程序,以防止或降低侵害公民体育权的可能性;其次,作为社会权的公民体育权的实现涉及国家财政资源的二次分配,而通过立法权编制预算对国家财政资源进行筹集和分配乃现代国家宪政应有之义。目前,我国《体育法》的修订正在积极推进中。《体育法》的修改,重要的是将公民体育权利、体育基本制度、全民健身、竞技体育、体育社会组织、国家对体育的投入保障、监督管理、法律责任等予以完善和优化。

### 2. 行政机关应该高效落实体育立法的目标任务

行政权具有执行性特征。在体育权的保障中,行政机关的任务主要是落实有关体育立法规定的目标任务。

社会权实现的行政路径主要包括政策制定和行政行为两大类。[1]即行政机关要么通过具体的行政行为,直接履行国家对发展体育事业的法律义务,要么通过抽象行政行为的形式,制定抽象的行政政策,落实体育事业发展的国家义务。首先,行政机关有直接义务落实立法机关关于公民体育权的法律或政策,如立法机关制定法律对公民体育锻炼予以财政补贴,那么行政机关的义务就是依法进行行政给付。其次,行政机关也有义务根据"客观价值秩序"原则,制定保障公民体育权实现的行政政策。特别是,现代社会事务日趋复杂化和精细化,期望立法机关对某一具体领域事务进行巨细靡遗的立法,断不可能。因此,通过行政立法贯彻落实立法机关原则性或总体性的规定,乃是现代社会行政的重要时代特征。就体育行政立法而言,根据《中华人民共和国立法法》(以下简称《立法法》),国务院可以制定涉及体育事项的行政法规,国务院部门和直属机构可以制定体育部门规章,而有关地方政府则可以根据法律、法规和国务院的命令等制定地方政府规章对体育权保障事项进一步地方化、具体化。再次,行政机关也负有与保护传统自由权同样的义务,对妨碍或侵害公民体育权的行为依法查处。最后,当体育纠纷发生后,行政机关也可能需要履行如体育行政调解、体育行

---

[1] 王新生. 略论社会权的国家义务及其发展趋势 [J]. 法学评论, 2012 (6).

政复议等职责。

3. 审判机关应该通过公正司法助力体育社会形成

如前所述，作为社会权的体育权，其保障主要通过立法实施和行政落实。但这并不意味着体育权的保障与司法机关毫不相干。"基本权利的规定，就是要建立一个客观的价值秩序，以强化基本权利之适用力。对立法、司法和行政都有拘束力，并给他作为行为之方针及动因。"❶ 作为客观价值秩序的体育权，其不仅对立法机关和行政机关具有约束力，同时也是司法机关适用法律时裁判的最终依据。因此，司法机关在裁判涉及体育权的案件时，必须注意上述义务之存在，应努力通过具体案件的裁判，与立法机关和行政机关一起推动体育社会的形成。

## 四、结语

权利对应着义务，如康德所言，权利是每一个人"置他人于义务之下的能力"❷。体育权作为一种基本权利，首先，意味着公民有权获得国家提供的利益或者服务，国家是实现公民体育权义务的主要承担者；其次，体育权作为一种社会权，其本质上是一种积极权利。一方面，公民体育权的实现要求国家积极履行义务；另一方面，其实现的程度，也无法超越一个国家特定历史阶段的国民收入水平和财政支付能力。因此，在强调公民体育权国家保障义务的同时，也要防范无节制的政府福利给付，引发国家财政危机、管理危机乃至道德危机。❸

## 第三节 分享权视域中的公民体育权

前两节先后讨论了公民体育权的宪法权利属性和公民体育权的社会权

---

❶ 陈新民. 德国公法学基础理论（上册）[M]. 济南：山东人民出版社，2001：314.
❷ 谭安奎. 福利权与西方现代秩序的脆弱性 [J]. 南方周末，2015-06-04（C20）.
❸ 范杨. 行政法总论 [M]. 北京：中国方正出版社，2005：6.

面向。在本节,笔者尝试引入"分享权"理论进一步挖掘体育权的权利属性,以期构筑起公民体育权具有递进关系的三个层次的权利属性:①公民体育权是宪法权利;②公民体育权更加强调其作为宪法基本权利的社会权面向;③公民体育权主要体现为宪法社会权中的分享权功能。而且,明确公民体育权的分享权功能,不仅有利于在理论上更深刻、全面地理解公民体育权的构成机理、表现形式、作用方式,也更有利于在实践中设置具体、正当的程序机制更好实现这种基于公民身份、主要依赖国家积极促进的权利。

## 一、分享权学术源流

### (一) 分享权概念的提出及其历史背景

一般认为,"分享权"❶ 这一概念,与德国著名行政法学者厄斯特·福斯多夫提出的"服务行政"直接相关。福斯多夫看到这样一种现象,即人口增长及人口居住都市化产生的一个重要后果,是人类与其"生活之资"相隔离。现代人不得已用自己的生活空间为代价换取扩张其生存空间。如此,即使一个人掌握了相当程度的生活空间,也不得已要向社会"取用"其个人身外之物。也就是说,人们生存高度依赖国家公共服务之提供,现代行政乃有"服务行政"之谓。而国家唯有提供"生存照顾",确保国民生存基础,才可免于倾覆危险。❷ 在这一社会背景下,福斯多夫提出其

---

❶ 国内部分学者称"分享权"为"共享权"。江必新,邵长茂. 共享权、给付行政程序与行政法的变革 [J]. 行政法学研究, 2009 (4);罗英. 全面深化改革背景下共享权之定位 [J]. 求索, 2014 (6). 本书视"分享权"与"共享权"是完全等值的概念,不做刻意区别。为了叙述方便,除原文引用他人作品外,一般称作分享权。

❷ 陈新民. 公法学札记 [M]. 北京:中国政法大学出版社, 2001:50 - 53. 其实早在厄斯特·福斯多夫之前,法国著名法学家莱昂·狄骥就指出:"我们的基本生活需求、我们的邮政系统、铁路交通以及照明系统都是由这种具有经济上的复杂性的组织来加以满足或操作的,以至于它们在操作中的一瞬间的困难就会威胁到整个社会存在的基础。正是由于这个原因,国家的职能得到大幅度的拓宽。""公共服务的概念是现代国家的基础。没有什么概念比这一概念更加深入地根植于社会生活的事实。"而"公共服务就是指那些政府有义务实施的行为。"狄骥. 公法的变迁 [M]. 郑戈,译. 沈阳:春风文艺出版社, 1999:12 - 13, 50.

"分享权"理论，主旨在于说明，个人生存已经高度依赖国家的生存照顾，个人已经无法自行解决全部生活之需。因此，人们只得把自己命运交给公共经济及生存照顾体系。个人生活与团体关系密切，人们可分享团体所提供的生活之资。于是个人对团体的分享权，获得法学上的确认。❶

"权利的概念是以社会生活的概念为基础的。"❷ 也可以说，生活逻辑决定法律逻辑。法律不过是社会生活的规范性表达，是一种基于特定政治、经济、社会、文化、历史等背景下的人类的主观创造物。有什么样的社会生活，就会有什么样的法律观念；有什么样的法律观念，就会有什么样的法律规范或者法律制度。由上可见，分享权概念的提出，不过是人类社会生活快速城市化后，为呼应或者解决几乎每个人都会面临的"生存照顾"困境，而提出的一种当时看似时兴的法律观念。进而，这种由法学家倡导的法律观念被不同国家握有公共权力的政治家认同、接受甚至热情支持后，乃逐渐演化为形态各异、各具特色的法律制度。

在笔者看来，"行政国家"（福利国家）❸ 的出现，因应了"生存照顾"日益迫切的现实需要。进一步言之，"每一种行政法理论背后，皆蕴

---

❶ 陈新民. 公法学札记 [M]. 北京：中国政法大学出版社，2001：58-59.
❷ 狄骥. 公法的变迁 [M]. 郑戈，译. 沈阳：春风文艺出版社，1999：12.
❸ "行政国家"是在描述一种现象，即"不管是国民的社会生活，还是国民的政治生活，行政机能所占的比重都明显地增加了。"大须贺明. 生存权论 [M]. 林浩，译. 北京：法律出版社，2001：51. 美国耶鲁大学法学院杰瑞·L. 马肖教授也指出："随着一个只具备有限目的和微弱手段的政府转变为现代行政国家，对正当程序观念的精心解说，已经成为重新定位宪政主义的主要方式。"马肖. 行政国的正当程序 [M]. 沈岿，译. 北京：高等教育出版社，2005：1. 笔者认为，"行政国家"与"福利国家"，这两个公法学上人们耳熟能详的概念，其实是一个事物的两个侧面。前者重在描述国家行政职能不断扩张的情形；后者重在强调扩张的职能主要集中在增进公民福利的方面。威廉·韦德在其那部久负盛名的行政法学著作的开篇部分就提到了行政国家和福利国家，但亦并未作精细区分。由此可以推知，在威廉·韦德眼中，行政国家与福利国家其实是一回事。威廉·韦德. 行政法 [M]. 徐炳，等译. 北京：中国大百科全书出版社，1997：3. 进一步而言，福利国家又是以"税收国家"为前提的，因为如果没有高额税收"托底"，所谓公民福利无异于水中月、雾里花。有社会学家这样描述税收与福利之间的关系："很多人发现，他们从国家拿回来的，实际上与他们先前交纳的一样多；税收作为应得权利又返回它们原来从中掏出来的腰包里。""国家愈来愈多地接受新的任务，新任务要求愈来愈高的税收和愈来愈多的官员"。达仁道夫. 现代社会冲突 [M]. 林荣远，译. 北京：中国社会科学出版社，2000：170，174.

藏着一种国家理论。"❶ 行政国家现象也获得了国家理论的解释。英国行政法学的开山祖师威廉·韦德这样说道:"现代行政国家正在形成,纠正社会和经济的弊病是政府的职责,这种看法反映了人们的情感。这种情感是19世纪伟大的宪法改革的自然结果。"❷ 日本学者也看到了行政国家与国家理论的直接关联。大须贺明说道:"具有宪法上价值的行政国家现象,在一定的程度上修正了市民宪法原理的古典理论,呼唤着崭新的宪法统治的应有姿态。"❸ 也可以换句话说,行政国家的出现不是国家行政职能日益肥大的原因,而是"生存照顾"的现实需要导致的行政职能扩张的自然结果。"市场失灵所造成的社会问题却无法通过拘束国家而获得解决。正义问题的再次实质化要求再次激活国家。""若要以建立公正的社会秩序为目的,国家就不能继续仅仅承担宪法所规定的自由保障功能,而是必须重新发挥秩序塑造的作用。"❹

当然,对行政国家(福利国家)所可能产生的负面作用,也早就有人预见到了。德国的洪堡曾经对不加节制的国家作用有过担心:"国家对公民正面的、尤其是物质的福利的关心是有害的,因为……它妨碍着人的个性和特长的发展;它增加国家行政管理本身的困难,增加为此所需要的手段,因而成为各种弊端的渊源……"❺ 但是,现代国家作用的历史背景发生了巨大变化,因此其任务也与以往有着很大不同。尽管理论家对福利国家有着各种批评和质疑,尽管福利国家确实存在各种各样问题和负面作用,但不容否认的是,多数国家都事实上奉行福利国家理念,以为国民提供尽可能多的福利为国家奋斗目标。这并非一个纯粹逻辑推导的结果,也"并不是一个先验的断言,这是一个毋庸置疑的观察结果"❻。法国著名公

---

❶ 哈洛,理查德·罗林斯. 法律与行政(上卷)[M]. 杨伟东,等译. 北京:商务印书馆,2004:29.
❷ 韦德. 行政法[M]. 徐炳,等译. 北京:中国大百科全书出版社,1997:3.
❸ 大须贺明. 生存权论[M]. 林浩,译. 北京:法律出版社,2001:60.
❹ 格林. 现代宪法的诞生、运作和前景[M]. 刘刚,译. 北京:法律出版社,2010:31.
❺ 洪堡. 论国家的作用[M]. 林荣远,冯兴元,译. 北京:中国社会科学出版社,1998:36.
❻ 狄骥. 宪法学教程[M]. 王文利,等译. 沈阳:春风文艺出版社,1999:8. 狄骥还特别指出,观察的方法是社会科学研究的一个重要方法。他甚至进一步倡导,应该将观察方法与假言演绎方法结合起来。狄骥. 宪法学教程[M]. 王文利,等译. 沈阳:春风文艺出版社,1999:37.

法学者狄骥在谈到国家职能扩展时说道:"这些争辩对于我们显得毫无意义:这是一种不可抗拒的现实,是一种应当确认和接受的事实。"❶

## (二) 分享权之要义

### 1. 分享权是什么? 不是什么?

开宗明义,本书采用的是狭义的分享权概念。首先,分享权主要限于经济方面的分享,不包括政治权利分享。政治权利分享以参政权为代表,另外还包括诉愿权、诉讼权、请愿权、程序权等。❷ 其次,纯粹的社会救助也不是本书所论分享权。应该注意到,生存照顾的概念与国家向公民提供的单方面给付,如津贴、救济等"济助"有很大不同。❸ 如果把生存照顾理解为狭隘的社会救助,那国家就变成了"施主"。❹ 自宪法学理论中的"公民权利—国家义务"分析框架以观,分享权作为一种受益权,对应着现代国家应当承担的义务。这一点,在分享权确立过程中,值得反复提及:分享权不是"特权",也不是政府对公民的恩赐,而是公民的"权利",是政府应尽之义务。追根溯源,作为分享权概念之"前概念"的"生存照顾",其本意在于强调,由于城市生活带来的日益细化的社会分工,个人即使再富有也难以解决只能由政府出面才能解决的一些公共问题,如电力、天然气、自来水供应,医院、学校、图书馆、体育馆等设施的建设等。❺ 因此,德国学者所谓"生存照顾"并非仅指公民在特殊情况(如穷困潦倒)下生存不能产生出的国家特殊照顾,而是指"只要是国家提供给社会大众的服务,个人可以社会一分子来共享,则属于生存照顾"❻。而分享权的提出,在于在法学上确定个人应得分享行政之服务,以

---

❶ 洪堡. 论国家的作用 [M]. 林荣远,冯兴元,译. 北京:中国社会科学出版社,1998:34.
❷ 李建良. 宪法理论与实践(一) [M]. 台北:学林文化事业有限公司,2003:63.
❸ 陈新民. 公法学札记 [M]. 北京:中国政法大学出版社,2001:71.
❹ "施主"一词,系借用英国社会学家拉尔夫·达仁道夫描述国家角色转变时的用语。拉尔夫·达仁道夫. 现代社会冲突 [M]. 林荣远,译. 北京:中国社会科学出版社,2000:174.
❺ 当然,正如下文将要分析的一般,这并不排除政府可以将其委托给私人运营。
❻ 罗英. 全面深化改革背景下共享权之定位 [J]. 求索,2014 (6).

期避免都市化生活之个人得避免可能发生之生存危机。❶

值得讨论的是，既然生存照顾概念之原旨强调的是济人生活所必需，那么体育权是人之生活所必需吗？它是否略显"奢侈"了一点儿？的确，在原始意义上，"生存照顾"是指国家为保障公民享有最低限度人性尊严的生存条件，对水、电、气、交通等公民生存所必须提供一定程度给付。显然，公民体育权的内涵与外延似乎超越了"生存照顾"范畴。也就是说，没有国家向公民积极提供体育公共设施，也不至于直接危及公民的生存。但是，应该注意到这样一个现实：随着时代发展，"生存照顾"概念早已不再固守其原初意义，而日益发展出一般性"福利给付"的意涵来。依学者柳砚涛的观点，国家向公民履行给付义务的目的本来有两个层次，一是为解决对象特定的生存困难者的生计需要（作为极穷权的生存权）；二是为满足对象不特定的公众的生活、福利和发展需求（作为求优权的生活水准权）。❷ 即使纠缠于"生活所需"这一概念，也得承认，人们生活所需的范围是随着经济社会发展水平的提高而不断提升其品质的。对现代人而言，衣食住行当然仍系生存所需，但对教育、体育、娱乐、休闲等稍显"高档"一点儿美好生活的向往，绝不是非分之想，而是正当需求。尽管一个人没有健康身体也可以病殃殃地活着，但公民不仅有权"活着"，而且有权"更好地活着！"亚里士多德早就指出："城邦的长成出于人类'生活'的发展，而其实际的存在却是为了'优良的生活'。""生活的欲望既无穷尽，他们就像一切满足生活欲望的事物也无穷尽。"❸ 相应地，如有学者指出："学校与大学、运动设施、育幼院、养老院、医院、剧院与休闲设施等的设立与维护，虽然明显超过了最低生存所必需，但对于人民现代的社会与文化生活层面，已是理所当然非常重要的，因此国家也应该提供基本的给付"❹。在福利国家理念下，政府的事务已经超出提供司法、警察和战争防御的范围，而是"必须从事那些对于促进个人在体能、智能和精

---

❶ 陈新民. 公法学札记 [M]. 北京：中国政法大学出版社，2001：70.
❷ 柳砚涛. 行政给付研究 [M]. 济南：山东人民出版社，2006：32，38.
❸ 亚里士多德. 政治学 [M]. 吴寿彭，译. 北京：商务印书馆，1965：7，29.
❹ 许育典. 教育行政法 [M]. 台北：元照出版有限公司，2018：112.

神方面的福利，以及国家的物质繁荣所必需的事务"❶。美国第 36 任总统林登·约翰逊也曾在其国情咨文报告中提出"伟大社会"的概念，即"一个人们关心他们的生活质量胜于关心他们的商品数量的地方"。而且，他当时即承诺，联邦政府将提供财政支撑、施行各种计划，以提高所有美国人的生活质量。❷

我国台湾地区许育典先生在论及公民受教育权时对"最低生存条件"有过一个较为精彩的解释，笔者认为可资借鉴，以更好地理解公民体育权在现代社会的重要功能。他首先指出："若仅以过去时代基本所需的最低生存要件为基准，是无法真正满足现今人民的最低生存条件。最低生存条件，须随着国家社会的不断变化，而重新架构此条件。"他进而指出，过去以人性尊严为最低生存条件的标准是相对客观的，但其缺陷是忽视了人的自我实现的需要。人性尊严是从第三者视角为出发点的，而自我实现则是以人的本性为思考基准。基于此，他提出，应以人的自我实现为评判"最低生存条件"的补充标准。❸ 教育与体育对人的全面发展具有最相类似的促进功能，因此，对体育权的思考完全可以借鉴上述关于教育权的有关阐释。可以认为，体育是促进人的自我实现的重要方面，对公民体育权的保障完全符合促进人的自我实现的人性需要。事实上，在法学家眼中，与"极穷"意涵下的经济贫困对应的，还有一种"崭新式贫困"，即"文化性贫困"。如果体育生活过度缺乏，可能造成"夺走了国民充分地维持健康的精神文化生活的基本条件"的那种"文化性贫困"❹。由上可见，如果我们固执地抱守"生存照顾""最低限度生存条件"等概念的原始涵义思考现代社会公民体育权相关议题，是注定得不出恰切结论的。应该形成的一个基本共识是，超越最低限度生存需要的、包括体育权在内的精神文化类权利是现代社会公民实现"优良生活"所必不可少的重要内容。

---

❶ 狄骥. 公法的变迁 [M]. 郑戈，译. 沈阳：春风文艺出版社，1999：38.
❷ 杰瑞·L. 马肖. 行政国的正当程序 [M]. 沈岿，译. 北京：高等教育出版社，2005：3.
❸ 许育典. 教育行政法 [M]. 台北：元照出版有限公司，2018：115.
❹ 大须贺明. 生存权论 [M]. 林浩，译. 北京：法律出版社，2001：6，25-26.

## 2. 分享权与邻接概念的联系与区别

首先，分享权源于社会权。"社会基本权则是立足于要求国家之作为义务。其涵括要求社会给付之请求权，并建构个人之积极地位或'积极自由'。当其创设一种要求作为义务之请求权，即等于保障了一个分享权并同时成就了主动地位。所有基本权均指向于立法形成，并要求其保障分享。"❶ 换言之，社会权的实现及其程度，取决于国家财政资源，国家财政资源事实上决定了社会权实现的限度。但是，如果国家财政资源已经存在，国家基于社会权对公民提供给付是可能的、现实的，那么所有公民就享有对这些公共资源提出"分享"请求的权利，此即"分享权"。❷ 在此意义上，分享权是社会权的下位概念。它只是从一个侧面观察社会权的结果，或者说是从一个"出口"❸ 实现社会权的可能路径。陈国栋博士也指出："分享权是社会权的本质要素之一。"❹ 他认为，社会权包含分享社会财富这一要素。或者说，社会权特别强调公民身份，具有一个国家的公民身份，意味着可以要求国家帮助摆脱贫苦，还意味着通过对公共财富的分享发展自我。❺

其次，分享权与传统自由权并无根本抵牾。古典论的国家责任是消极的，但其实"最小的政府是最好的政府"理论仅持续到 19 世纪中叶。随着现代大工业发展带来的一系列社会问题的出现，即使最为倡导自由主义的国家也改变了其对待社会问题的态度。一种"提供最好服务的政府是最好的政府"的理论出现了，国家开始积极采取措施对待社会矛盾，维护社

---

❶ 艾伯哈特·艾亨霍夫. 德国社会法 [M]. 李玉君，等译. 台北：新学林出版股份有限公司，2019：80.

❷ 赵宏. 社会国与公民的社会基本权：基本权利在社会国下的拓展与限定 [J]. 比较法研究，2010（5）.

❸ 赵宏教授以德国法为理论背景，曾介绍过社会权实现的三个可能"出口"，分享权是其中之一。赵宏. 社会国与公民的社会基本权：基本权利在社会国下的拓展与限定 [J]. 比较法研究，2010（5）.

❹ 陈国栋. 作为社会权的受教育权：以高等教育领域为论域 [J]. 苏州大学学报（哲学社会科学版），2015（3）.

❺ 同❹.

会团结与稳定，积极促进公民福利水平。郑贤君教授总结道，20世纪初，是德国《魏玛宪法》促成宪法理念、宪法范式及宪法基本权利体系的变化，由此导致国家权力运行方式的改变。这种改变包括在宪法理念上，实现由注重自由转向自由与平等并重，个人本位向社会本位，以及个人主义向团体主义转变。[1] 总之，基本权利保护的发展趋势实现了从自由权到社会权的历史性转变。但是，宪法社会权的兴起并未使宪法自由权褪色。毋宁认为，现代社会是一个自由权与社会权并立不害、各展其长的社会。公民幸福生活既依靠自由权保障，也仰赖社会权保障。作为社会权下位概念的分享权，一方面，其与自由权之间关系确需得到恰当调适，因为"共同福祉不再是个人自由的自动产物，而必须借助于积极的影响，甚至包括对自由的限制。由此，平等的自由依赖于对个人自治的限制以及对福利的再分配"[2]；另一方面，分享权相对于自由权的重要性日益上升也是可以观察到的社会现实。

最后，分享权不同于给付请求权。我国台湾地区学者李建良在谈到宪法基本权利之给付功能时，将国家所提供的给付分为"程序性""物质性"和"资讯性"三类。他指出，物质性给付涉及国家财政支出，因此通常在概念上要区分"分享权""给付请求权"。"分享权"是指公民请求使用现有设备或资源，而"给付请求权"则指人民请求国家应为积极创设性给付。正如陈征教授所论，除非宪法明确赋予公民给付请求权，否则即使宪法明确规定国家给付义务，也不意味着公民享有直接的给付请求权。但是，一旦国家创设某项旨在促进基本权利实现的制度后，公民却享有平等分享这一制度的权利，此即基本权利的分享权功能。[3]

## （三）国内学者对分享权概念的借鉴与阐释

国内许多学者的研究涉及分享权（共享权）。江必新、邵长茂从"发展成果由人民共享"、人的全面而自由发展等命题出发，进而认为，给付

---

[1] 郑贤君. 社会基本权理论 [M]. 北京：中国政法大学出版社，2011：19.
[2] 格林. 现代宪法的诞生、运作和前景 [M]. 刘刚，译. 北京：法律出版社，2010：102.
[3] 陈征. 国家权力与公民权利的宪法界限 [M]. 北京：清华大学出版社，2015：32.

与行政之间联系的必然性,更适合用国民"共享权"加以说明,理由主要是,政治共同体的每个成员都应当能够"共同享有"资源和利益。而成员个体拥有的要求政治共同体保障其能够共同享有资源和利益的权利,即可称为"共享权"。[1] 罗英对共享权进行了相对抽象化的分析和界定,[2] 并以共享权为分析工具对共治型社会管理进行了研究;[3] 上官丕亮、孟凡壮在研究文化权时使用了分享权理论;[4] 陈国栋则以分享权作为理论基础,分析了受教育权、行政许可等宪法、行政法现象。他提出,行政许可法制就是确认公民依法行使公共资源分享权的法律。公共资源分享权的价值在于,它代表通过开发公共资源而发展私有财产权的可能。[5]

2015年,党的十八届五中全会提出:"必须牢固树立并切实贯彻创新、协调、绿色、开放、共享的发展理念。"这无疑已经蕴含公民分享权的理念。不过应该看到,在中国,分享权的概念与德国基于"生存照顾"基础上的分享权不尽相同。具体而言,中国语境中的分享权不是特别强调"生存照顾"的概念基础,而是更加强调公民对国家经济社会文化发展最终成果的共享。这在社会主义国家具有特殊意义。

## 二、作为分享权的公民体育权

### (一)作为宪法权利的公民体育权是一项典型的社会权

首先,公民体育权是一项具有宪法位阶的"经济社会文化权利",此区别于精神性权利、政治性权利;其次,如前文所述,相对于自由权面向

---

[1] 江必新,邵长茂. 共享权、给付行政程序与行政法的变革 [J]. 行政法学研究,2009 (4).
[2] 罗英. 全面深化改革背景下共享权之定位 [J]. 求索,2014 (6):39–44.
[3] 罗英. 基于共享权的共治型社会管理研究 [J]. 法学论坛,2013 (1). 显然,这是在宽泛意义上使用共享权概念。
[4] 上官丕亮,孟凡壮. 文化权的宪法解读 [J]. 学习与探索,2012 (1).
[5] 陈国栋. 行政许可创制了名为信赖利益的新型权利吗?[J]. 求是学刊,2020 (5). 从陈国栋君以"分享权"作为理论工具分别研究受教育权、行政许可等,我们也能够看出,分享权概念具有较为普遍的学术价值,它也应该可以为研究公民体育权提供一个很好的视角。

的"防御权"而言，公民体育权是一项典型的社会权面向的受益权。作为"经济社会文化权利"，体育权利的一个重要特性在于，这类权利受到一定社会经济基础和社会文化条件的制约。不管是"公民的应该获得性"还是"国家的应该提供性"，都有赖于经济社会文化的进步。公民体育权的实现及其程度，根本而言，无法超越一个国家特定历史阶段的国民收入水平和财政支付能力。

有如前述，在现代社会，公民体育权之所以受到关注，主要不是因为它的自由权面向，而是它的社会权面向。即是说，当我们谈到公民体育权时，我们主要不是想强调它有不受国家恣意干涉的一面，而是想强调它有依赖国家积极促进的一面。也就是说，公民体育权的积极面向、社会权面向才是我们研究的重点。而社会权的正当性，一般认为，不是来自天赋权利，而是来自共同价值。现代宪法坚持个人价值与团体价值并重，体现团体价值的社会经济权利被认为是一种新型规范，它们同样具有法律效力，只是与传统规范的效力不同而已。[1] 积极面向的社会权，是以国家为相对人，要求国家提供利益、改善个人境况、确立更好生活关系、分配社会产品，以及共享社会资源的给付请求权。[2] 可以说，公民体育权酣畅淋漓地体现了上述品性与特质。

依我国台湾地区学者李震山先生之见，国家存立有两个最主要的相互依存的目的——安全与福祉。公民体育权无疑与福祉问题紧密相关。权借潘恩所言："不论政府的形式或组织如何，其唯一目的应是谋求普遍的幸福。如果政府不是这样，而是在社会的任何部分制造与助长罪恶，那么，它一定是建立在一种错误的制度上，非加以改革不可。"[3] 显然，国家对体育事业的管理，是基于国家为公民提供福祉之目标而随着国家职能的拓展而展开的。

---

[1] 郑贤君. 社会基本权理论 [M]. 北京：中国政法大学出版社，2011：141-142.
[2] 赵宏. 社会国与公民的社会基本权：基本权利在社会国下的拓展与限定 [J]. 比较法研究，2010（5）.
[3] 潘恩. 潘恩选集 [M]. 马清槐，等译. 北京：商务印书馆，1981：276.

（二）作为社会权的体育权主要是行政法层面的分享权而非宪法层面的请求权

如前所述，公民体育权终究不是宪法层面的体育资源给付请求权，而是一种体育资源分享权。就宪法与行政法的关系而言，一般认为，行政法是具体化的宪法。因此，可以说，这种体育资源分享权是属于行政法层面的具体化权利。

如果把公民体育权具体化为行政法层面的分享权，即是说，如果国家为保障公民体育权，已经提供了某种给付，或创建了某些体育公共设施，但由于受益者范围区分，导致有些人可以享受这些给付，而另一些人无法享受这些给付，没有享受给付的公民就得向国家提出分享这些给付。❶ 具体而言，如果把体育权作为行政法层面的分享权而非宪法层面的请求权的话，那么主要强调的是以下几个方面。①体育权是在国家业已投入某种体育资源形成稳定的体育给付制度的情况下，公民分享既有公共体育资源的权利，而不是一种要求国家征收财赋形成公共体育资源从而满足个人体育需求的权利；②体育权是在既定体育制度体系下可能满足的权利，而不是个人在现有体制下无法满足的权利；③体育权是一种化公共体育资源为私人利益的权利，依托于既有的公共体育资源，而不是要化非公共财富为公共体育资源，进而化为私人权利；④体育权是国家既定体育体系之下的权利，因此是一种行政法权利，内嵌于既定的行政制度之中，而不是要求国家建章立制从无到有地创设新的体育体系的权利；⑤体育权属于既定制度体系下的权利，其实现属于执法与适用法律的范畴，主要针对执法者，而不是不属于既定制度体系下的权利，其实现属于立法与政治的范畴，主要针对立法者。❷ 具体体育分享权一般由法律法规规章或者规范性文件规定，如《全民健身条例》第12条规定："县级以上人民政府体育主管部门应当在全

---

❶ 赵宏. 社会国与公民的社会基本权：基本权利在社会国下的拓展与限定[J]. 比较法研究，2010（5）.

❷ 这5项具体分析仿照了陈国栋博士对受教育权的分析. 陈国栋. 作为社会权的受教育权：以高等教育领域为论域[J]. 苏州大学学报（哲学社会科学版），2015（3）.

民健身日组织开展免费健身指导服务。公共体育设施应当在全民健身日向公众免费开放。"此时，公民体育分享权已经转化为体育行政部门的法定职责。

### （三）作为分享权的公民体育权是平等权在体育领域的衍生权利

从理论渊源看，在德国，分享权也并非直接源于某一单项公民权，而是间接地从德国基本法规定的平等权衍生而来。主要含义是，既然国家主动给付，即应平等对待所有符合条件的公民，因各种原因未能享受国家给付的公民，可以根据平等权主张分享这些国家给付。这被称为"衍生给付请求权"，对称于源于具体公民宪法权利导出的"原始给付请求权"。[1] 也就是说，分享权事实上是平等权的衍生物。"在将平等权规定为一项权利的同时，可以从中得出一个结论，即个人有权使国家在可能的范围内消除事实上存在的不平等。"[2] 学者罗英指出，共享权虽与社会权直接相关，但是它并不能代替社会权，而只是平等权在社会权领域的衍生，社会权概念远远广于共享权。[3] 作为平等权衍生物的分享权，连接平等权与社会权，为社会权的保障与社会国原则的落实提供重要路径。

综上所论，可以认为，作为分享权的公民体育权是平等权在体育领域的衍生权利。

## 三、体育行政给付：公民体育分享权的实现途径

无论怎么理解分享权，有一点是确定无疑的，那就是，当我们谈论分享权时，一定是与国家给付义务相连接的。"现代国家的行政权的不断强大化，毫无疑问其原因之一应当可以说是20世纪新发展起来的'给付行

---

[1] 赵宏.社会国与公民的社会基本权：基本权利在社会国下的拓展与限定 [J]. 比较法研究，2010（5）.
[2] 狄骥. 宪法学教程 [M]. 王文利，等译. 沈阳：春风文艺出版社，1999：178.
[3] 罗英. 全面深化改革背景下共享权之定位 [J]. 求索，2014（6）.

政'。"❶ 而给付行政被日本学者南博方等界定为就是"通过受益性活动……来进行的旨在积极提高和增进国民福利的公共行政活动"❷。"给付行政的对外表现形态通常是授予利益之行政处分。"❸ "其目的是由国家照顾或改善人民之基本生活需要与要件,此可通过直接或间接给付来达成。"❹ 总之,分享权系以公民社会权为基础,给付行政(行政给付)系以提高公民福利为目标。这更加说明,在某种程度上,福利国家是被等同于"服务与补助提供者的国家"❺。

承上所论,作为分享权的公民体育权,也意味着政府要代表国家对公民承担某种给付义务。虽然在现代国家中,立法机关、司法机关也都承担着公民体育权保障义务,但从分享权视域观察,与公民体育权实现与保障关系最紧要、最经常、最直接者,当属行政机关承担的国家给付。但是,在没有宪法诉讼制度的国家,即使通过宪法推导出公民一般性的给付请求权,事实上也无法由司法机关最后落实。况且,不无疑问的是:"法官有无权力处理大格局,牵动各方利益的社会政策问题?眼界如何?政策与法的分野何在?凡此已非单纯的观念辩论,更进一步触及实践机制的设计与选择问题。"❻ 因此,一般而言,由立法将宪法层面的公民体育权具体化为行政法层面的公民体育分享权,才是公民体育权实现的现实可行路径。

一般而言,行政机关可通过以下几种具体方式推动公民体育权落地实现。

### (一) 适当程度的体育公共服务

公民体育权需要由国家保障其基本,根本原因在于,公民身心健康不

---

❶ 大须贺明. 生存权论 [M]. 林浩, 译. 北京: 法律出版社, 2001: 6, 55.
❷ 同❶657.
❸ 李建良. 行政法基本十讲 [M]. 台北: 元照出版有限公司, 2017: 67.
❹ 陈慈阳. 行政法总论: 基本原理、行政程序及行政行为 [M]. 台北: 翰芦图书出版有限公司, 2005: 24.
❺ 卡罗尔·哈洛, 理查德·罗林斯. 法律与行政 (上卷) [M]. 杨伟东, 等译. 北京: 商务印书馆, 2004: 36.
❻ 李建良. 人权理念与宪法秩序: 宪法学思维方法绪论 [M]. 台北: 新学林出版股份有限公司, 2018: 45-46.

仅关乎个人生活品质，而且关乎国家命运兴衰，甚至可以说是人类文明进步的先决条件。因此，促进公民身心健康不纯粹是公民个人事务，当然也不应完全由公民个人"操心"并承担相关费用，而应由公民个人和国家分担才为合理。也可以说，体育运动具有"准公共产品"性质。公民参加体育健身，不能被视为仅系纯粹为个人利益打算，而是客观上也夯实了国家兴旺之基。国家既然属于受益者，当然应为公民身心健康提供基本公共服务。

首先，是体育行政立法。如果仅有法律规定，可能体育行政给付尚无法直接实施，因此需要有行政立法权的行政机关❶将法律规定再行具体化，以细化体育行政平等给付的具体资格、条件、程序、义务等。一旦行政立法把给付内容具体化后，个人就有权依据行政立法规定请求有关行政机关积极作为。这种请求权的本质即分享权。当然，体育行政立法并非绝对必要，而是行政机关提供体育公共服务若干形式之一。

其次，是体育公共设施建设。《全民健身条例》第2条开宗明义："县级以上地方人民政府应当将全民健身事业纳入本级国民经济和社会发展规划，有计划地建设公共体育设施，加大对农村地区和城市社区等基层公共体育设施建设的投入，促进全民健身事业均衡协调发展。"据此，行政机关有义务建立体育公共设施并保障对社会公众平等开放。例如，根据《江苏省体育设施向社会开放管理办法》（2016年）的规定，公共体育设施，每周开放时间一般不得少于35小时。《公共文化体育设施条例》也明确了政府在公共体育设施规划建设、使用服务、管理保护等方面的一系列职责。

再次，是义务的身体教育。一是义务教育阶段内学校体育的提供。例如，组织实施体育课教学，开展广播体操、眼保健操等体育活动，指导学生体育锻炼，提高学生的身体素质；保证学生在校期间每天参加1小时的

---

❶ 《立法法》（2015年）第80、82条分别规定："国务院各部、委员会、中国人民银行、审计署和具有行政管理职能的直属机构，可以根据法律和国务院的行政法规、决定、命令，在本部门的权限范围内，制定规章。""省、自治区、直辖市和设区的市、自治州的人民政府，可以根据法律、行政法规和本省、自治区、直辖市的地方性法规，制定规章。"

体育活动等。❶ 二是如《全民健身条例》第 12 条第 3 款规定："县级以上人民政府体育主管部门应当在全民健身日组织开展免费健身指导服务。"

最后，是高效体育执法。体育执法并非仅指对体育违法行为的矫治，而是包括一切对体育法律规范有关规定的执行和落实。例如，根据《全民健身条例》第 13 条规定，组织体育运动会并保障满足条件的公民有机会平等参与；另外还有政府体育行政主管部门对体育产业市场的执法监管等。

### （二）财政允许的体育资源直接给付

体育分享权实践中的国家给付义务，与体育自由权实现的国家尊重义务的最大不同在于前者关乎国家财政能力。而政府财政收支则需要代议机关以立法或预算❷形式作出决策。鉴于体育行政给付行为具有鲜明的受益性而不同于干涉行政下的损益行政行为，因此，一般而言，对体育行政给付行为遵守法律保留原则的要求较弱。但是，由于体育资源直接给付必定涉及公共资源的汲取和再分配，因此至少应该保证体育行政给付的预算保留。尽管当前的预算仍属于"软约束"、具有很大程度的概括性，但行政机关对公民体育分享权的保障，在"尽力而为"的同时，尚需做到"量力而行"。也就是说，只有在代议机关已经专门立法或作出预算安排的前提下，有关行政机关才能启动对体育分享权利人的直接给付。例如，《公共文化体育设施条例》（2003 年）第 5 条规定："各级人民政府举办的公共文化体育设施的建设、维修、管理资金，应当列入本级人民政府基本建设投资计划和财政预算。"再如，根据《上海市市民体育健身条例》（2000 年），上海市域内的街道、乡镇、里弄和村公共体育健身设施的建设、更新所需经费由各级人民政府财政优先保证。上述法规构成体育行政机关建设公共体育设施时财政支出的立法依据。

---

❶ 参见《全民健身条例》第 20 条。
❷ 预算被认为属于不以公民为直接对象的法律。因为预算经过代议机关议决具有法律拘束力。张献勇. 预算权研究［M］. 北京：中国民主法制出版社，2008：28；大须贺明. 生存权论［M］. 林浩，译. 北京：法律出版社，2001：63.

行政给付一旦具体化，直接给付义务就转变为有关行政机关的职责，必须为之；否则属于行政不作为。例如，根据《2020年苏州市体育惠民消费行动实施方案》，苏州市体育局从市级体育彩票公益金中安排1000万元用于体育惠民消费行动资金。根据这一安排，苏州市区700万持"苏州体育惠民卡"和苏州市民卡A卡（含吴江市民卡）的健身爱好者，可以直接（有9.9元成本支出）获得50元体育惠民消费补贴、专项体育活动惠民消费补贴等。这一补贴，尽管有鼓励市民体育消费进而"撬动"体育经济的含义，但体育局发放的消费补贴是"实实在在"的财政支出（源于体育彩票公益金[1]）。这个时候，符合规定的消费者都享有平等分享这一"惠民"福利政策的资格，一旦消费者向有关机关提出申请，有关机关不得无故拒绝。再如，各地政府对奥运冠军的政府性奖励，性质上也属于行政给付，符合条件的奥运冠军有权申请分享奖励。假设政府部门区别对待，那么符合奖励申请条件的运动员当然有权提起行政复议或者行政诉讼，以维护自身分享权利。

当然，国家财政能力决定公民分享权的"上限"。公民分享权中体育资源直接支付的实现程度最终取决于政府的"钱袋子"。体育具有娱乐和强身健体的双重功能。不论是作为公民休息方式的体育娱乐，还是作为公民健康生活方式的运动健身，都是国家应予基本保障的重要方面。但是，国家仅能基于财政可能，对公民体育娱乐、运动健身予以最低限度的公共保障。它不应该也不可能完全代替公民个人努力。公民体育分享权更不是主张现代"懒汉"静待"天上掉馅饼"，不是鼓励公民个人好逸恶劳、醉心于体育公共福利，而仅是强调公民对国家体育事业发展、社会体育事业进步的平等分享。

### （三）公民体育分享权实现的私法方式

在给付行政中，行政机关对给付资源的控制、受益人资格的识别、给

---

[1] 根据《体育彩票公益金管理暂行办法》（1998年），体育彩票公益金，是指经国务院批准，从体育彩票销售额中按规定比例提取的专项用于发展体育事业的资金。公益金按预算外资金管理办法纳入财政专户，实行收支两条线管理。

付行政裁量权的使用、对私法契约的监管等，既需要行政法传统手段与方法的支援，也可以使用契约、民营化、指导、调解、奖励等柔性手段实现。❶ 以民营化手段完成公法任务是当代行政法治发展的一个重要特征。例如，有学者认为："现今国家理念主张尽可能以公法契约方式取代行政处分、以协议购买土地取代征收处分，就是这种将公权力行政视为达成国家目的的最后手段。"❷ 行政事实也说明，由于国家因应福利社会需要而导致职能和任务大为增长时，原有的以命令和强制为特征的行政手段是无法满足新增国家任务的。因此，在服务行政理念下，以私法完成公法任务便成为行政法治转捩的时代契机。

公民体育权的实现，也有私法运用的无限机会和广阔空间。体育行政给付所具有的弱权力性特征和温情色彩，决定了其完全可能通过私法方式推行。公私合作、通过私法契约实现行政给付都是公民体育分享权实现的可能路径。例如，可以采取政府与社会资本合作模式，通过融通社会资本，实现减小财政压力、加快体育场馆建设的目标。在政府许可的垄断经营权期间，私有主体可以通过私法契约将体育场馆向社会公众开放；社会公众则通过付费方式分享体育场馆等公共设施。

唯须注意的是，政府不能对通过私法方式实施的体育行政给付"大撒把"。"这种特许经营权实际上与政府控制是一回事。""无论对国家的事务以何种方式来进行管理，其基本观念都是明确的：政府必须履行某些确定的职能。"❸ 首先，政府必须监管私有资本设定公共体育设施收费的合理性，以保证低收费、微盈利模式下的体育场馆的公益属性。其次，政府还需负责监管公共体育设施开放的平等性，保证符合条件并提出利用邀约的

---

❶ 江必新，邵长茂. 共享权、给付行政程序与行政法的变革 [J]. 行政法学研究, 2009 (4).

❷ 陈新民. 行政法学总论 [M]. 台北：三民书局股份有限公司, 2015：20. 但是对行政契约为代表的实现公法任务的私法形式的选取仍然存在一定争议。例如，我国台湾地区另一位著名公法学者李建良则主张："行政在履行其公法任务时，若能以公法手段为之者，即应尽可能择取公法方式，换言之，私法形态的行政，相对于公法形态行政，宜具有一定程度的'备位性'与'补充性'"。李建良. 行政法基本十讲 [M]. 台北：元照出版有限公司, 2017：79. 笔者认为，政府是直接提供体育公共服务，还是将经营权交给某些个人或组织，自身仅仅负责对个人或组织的监督和管理，这是一个次级层面的机制问题。

❸ 狄骥. 公法的变迁 [M]. 郑戈，译. 沈阳：春风文艺出版社, 1999：57，58.

公民都能平等利用体育公共设施,此即属于民法领域的强制缔约。"在受益行政领域,法律需要关照的只有平等权问题,即平等受益问题。"❶ 在德国的法律上也认为,特许经营公共设施类的"独占契约"需受强制缔约规则约束,缔约自由原则应该符合平等权的要求,不能违反具有执行公共职务的特殊性质。也就是说,实现公共职能"不以公法之方式为限,但却要依赖公法的保障功能来确保人民的分享权利"❷。

需要说明的是,体育行政给付不一定是纯粹无偿的,它完全可以是有偿但仍属公益性质的。有偿给付同样属于政府执行公共服务职能的范畴。❸《全民健身条例》(2009 年)第 28 条规定:"公办学校应当积极创造条件向公众开放体育设施;学校可以根据维持设施运营的需要向使用体育设施的公众收取必要的费用。"当公共体育设施属于有偿使用时,如果分享权人不缴纳有关费用,就相当于自动放弃分享的权利。当然,这里的"有偿"不能高到将一般公民彻底"吓着"的地步,否则就形同政府未尽公共服务职能。另外,体育行政给付也可能是附条件的,如上述苏州市发放的体育健身补贴,要求市民到定点体育场馆健身才能实际享有。

## 四、结语

就世界各国宪法发展史而言,宪法权利谱系不是一成不变的,而是一直处于动态调整过程中。19 世纪末到 20 世纪初,人民对国家的要求,不再仅是消极防范其干涉自由,而是积极要求国家致力于社会福利和生活福祉的增进。于是,"世界各国将国家消极保护个人基本自由与人权之方式,逐渐改变成国家积极保护劳动阶级之福利。使 19 世纪之议会民主政治之法

---

❶ 柳砚涛. 行政给付研究 [M]. 济南:山东人民出版社,2006:72.
❷ 陈新民. 法治国公法学原理与实践(中)[M]. 北京:中国政法大学出版社,2007:364,377.
❸ 供给性给付一般都是有偿给付,而且供给性给付民营化趋势明显。柳砚涛. 行政给付研究 [M]. 济南:山东人民出版社,2006:56,61.

治国家,演变成20世纪之福利国家"[1]。福利国家的全面兴起,在进一步丰富宪法权利谱系的同时,也带动了社会权理论研究的进一步深化。包括公民体育权在内,诸国宪法社会权的出现,即是消极国家、最小国家理论主张式微的产物。

当下中国,人民总体生活水平在"纵向"已有大幅度提高。因此,济助处于"极穷"状态公民的行政救济问题变得不再特别显在,而强调"横向"共享发展成果的社会福利公平分享成为重要时代课题。例如,有学者所言:"'每个人都应该自求多福'是过去社会的信条。今日的社会,人民不再依赖传统的基本人权,而是依赖分享权。这个新兴的分享权唯有依赖公权力的介入,方可实现其功能。"[2] 分享权理论的腾空出世,对探讨公民体育权的内在机理和实现机制,都是一种极为有益的尝试。

---

[1] 李鸿禧. 立宪制度之人权保障机能的动态分析 [M]. 台北:元照出版有限公司,2002:44.

[2] 德国行政法学家厄斯特·福斯多夫语。陈新民. 法治国公法学原理与实践(中)[M]. 北京:中国政法大学出版社,2007:350.

# 第四章　公民体育权的保障体系[*]

只在墙上贴标语或空喊口号是无益于公民体育权实现的。公民体育权保障具有实效性的推行实践，尚需系统的制度设计和严整的机制调节，尤其需要全面、有效落实国家保障义务。如本书第三章所论，体育权具有自由权和社会权两个面向，但主要的还是一项社会权。因此，其保障体系的构建也应以社会权面向作为制度建构的基点。从保障体系而言，本书认为包括了公民体育权的入宪以及公民体育权的立法、行政和司法保障。

## 第一节　公民体育权的宪法载入

虽然，我们在第三章论证了公民体育权的宪法权利属性，但如何通过宪法对公民体育权加以规定，仍然属于立宪者享有的"自由形成空间"。例如，是将其规定于总纲一章，或是规定于公民的基本权利和义务一章，或是通过宪法解释的途径对其进行保障（这属于虽然具有宪法属性，但仍不必通过修宪列入基本权利清单者）。本书认为，选择何种规范形式，应参酌何种公民体育权利保障规范形式最为有效，才能决定。中国目前还没有发展出成熟的宪法解释和应用技术，以从宪法规范中演绎出满足公民体育权的宪法基础。因此，本书认为，在《宪法》"公民的基本权利和义务"一章明确规定体育权最为妥当。根据前述基本权利的"客观价值功能"，

---

[*] 人权实现的保障机制包括了国内保障机制和国际保护机制。本章主要述说的是体育权的国内保障机制。

基本权利载入宪法本身是国家对公民的一种承诺,对国家行为具有引导作用,而不像有学者所认为的那样,仅是缺少可强制执行的"符号"。❶在财政允许范围内,国家应采取适当立法和行政措施逐步、尽力实现宪法所载公民权利。载入宪法的公民权利确实是一种"符号",但这种作为国家向公民作出权利承诺载体的"符号",它时时提示政府认真予以对待。本书在对各国公民体育权入宪文本形式进行比较以及中国公民体育权入宪的历史梳理的基础上,探讨中国体育权入宪的具体方案建议。

## 一、各国体育权入宪的文本形式

本书以《世界宪法全书》❷收录的124个国家的成文宪法❸或宪法性文件作为资料来源进行文本分析,也就是寻找体育权保障的宪法文本资源。我们发现,部分国家将公民体育权明确写入宪法,部分国家在其他基本权利中包含或部分包含体育权的含义,而部分国家在宪法的基本国策部分对体育进行规定。

### (一)部分国家明确将公民体育权载入宪法典

部分国家将公民体育权明确列入体育权的宪法规范中,如表4.1所示。

---

❶ 有国外学者把缺少司法执行性的宪法权利称为"符号"(sign)和表达性条款。桑斯坦.罗斯福宪法:第二权利法案的历史与未来 [M]. 毕竟悦,高瞰,译. 北京:中国政法大学出版社,2016:133,135.

❷ 本章以下表格内容凡根据《世界宪法全书》所载宪法文本整理的,不再一一注明页码。姜士林. 世界宪法全书 [M]. 青岛:青岛出版社,1997. 这部宪法汇编所用资料截至1997年1月。考虑到,世界各国在1997年后立宪的为数极少,因此,其资料具有一定的代表性和说服力。另外,为弥补该书资料不全及其一定时滞性的遗憾,本书另通过《世界各国宪法》《世界各国宪法》中部分国家的宪法文本作为分析对象。之所以不以出版时间更为晚近的《世界各国宪法》作为首选文本依据,是因为在笔者看来,《世界宪法全书》的译文更为规范。

❸ 《世界宪法全书》列入了一部分国家的宪法性文件(非成文宪法),实际的成文宪法是104部,主要缺少的是非洲各国的成文宪法资料。

**表 4.1　明确列举体育权的宪法规范示例**

| | |
|---|---|
| 《葡萄牙共和国宪法》（1982 年） | 第 1 编"基本权利与义务"第 3 章"经济、社会与文化方面的权利与义务"第 3 节"文化方面的权利与义务"第 79 条第 1 款：任何人都有从事体育运动的权利。第 2 款：国家在学校、体育团体和组织的配合下，促进、鼓励、指导并支持体育运动的训练与普及 |
| 《巴拉圭共和国宪法》（1992 年）❶ | 第 2 编"权利、义务和保障"第 84 条：国家将在资金和税收上支持和提倡体育运动，特别是能增进体育教育的业余体育活动。国家也鼓励体育团体参与国际性竞赛或体育交流 |
| 《巴西联邦共和国宪法》（1988 年）❷ | 第 24 条：联邦、州和联邦特区拥有下列领域的竞合立法权……9. 教育、文化、教学和体育。第 217 条：国家有责任培育正式或非正式的体育活动，并作为每个人享有的权利，并遵守如下原则：1. 管理体育事业的机构和协会，保障其在组织和运作上的自治；2. 优先考虑拨付公共资金用于提升体育教学和特殊情况下的高回报体育项目；3. 对专业和非专业的体育运动实行有差别的待遇；4. 保护并给予全国范围都设立的体育项目以激励。依据法律规定，在经体育法庭用尽法律救济后，关于体育规范的法律起诉只能交由法官听证。体育法庭应在对起诉立案后的 60 日内作最终的决定。政府应鼓励休闲活动以作为社会提升的一种途径 |
| 《土耳其共和国宪法》（1982 年） | 第 2 编"基本权利和义务"第 3 章"社会、经济权利和义务"第 59 条：国家应采取措施，促进各种年龄的土耳其公民身心健康，鼓励开展群众性的体育运动。国家应保护有成就的运动员 |
| 《伊拉克宪法》（2005 年）❸ | 第 2 章"权利与自由"第 1 节"权利"第 2 分节"经济、社会及文化权利"第 36 条：进行体育锻炼是每个人的权利，国家鼓励该活动并为其提供必要条件 |
| 《希腊共和国宪法》（1975 年） | 第 2 编"个人权利和社会权利"第 16 条（艺术、科学、研究和讲授自由；受教育权等）第 9 款：体育运动受国家的保护和最后监督。依照法律的规定，国家资助并控制一切类型的体育协会，按照接受资助的体育协会的宗旨使用拨款的办法亦由法律规定 |

---

❶《世界各国宪法》编辑委员会. 世界各国宪法（美洲大洋洲卷）[M]. 北京：中国检察出版社，2012：113.

❷ 同❶197-198.

❸ 同❶734.

续表

| | |
|---|---|
| 《巴拿马共和国宪法》(1972年制定，1983年修订) | 第3章"个人和社会的权利及义务"第4节"民族文化"部分第81条：国家通过运动、教育和娱乐机构促进体育工作的开展，这些机构的条例由法律规定 |
| 《秘鲁共和国宪法》(1979年) | 第1章"人的基本权利和义务"第4节"教育、科学和文化"第38条：国家促进特别是非营利目的体育教育和体育运动，并为其普及活动拨出资金 |
| 《古巴共和国宪法》(1976年) | 第6章"权利、义务和基本保障"第51条：公民都有参加体育运动和娱乐的权利。把体育运动的教学和实践纳入全民教育体系的学习计划，广泛地训练和向人民提供条件，以方便开展群众性的体育，娱乐活动和保障享受这一权利 |
| 《洪都拉斯共和国宪法》(1982年) | 第3章"原则宣言、权利与保障"第2节"儿童权利"第123条：所有儿童都应享受社会保险和受教育的福利。他们有权健康地成长和发展。为此，对儿童及其母亲从产前应给予特别照顾。他们有权得到食品、住宅、教育、休息、体育和合适的医疗服务<br>第8节"教育和文化"第174条："国家提倡爱好和从事体育运动。" |
| 《尼加拉瓜共和国宪法》(1986年) | 第4章"尼加拉瓜人民的权利、义务和保障"第3节"社会权利"第65条：尼加拉瓜国民有体育运动、休息和娱乐的权利。国家通过人民有组织和群众性的参加推动体育运动，使尼加拉瓜国民得到全面发展。此项目标通过专门纲领和计划加以实现 |
| 《危地马拉共和国政治宪法》(1985年) | 第2章"人权"第6节"体育"第91条：体育的经费预算。国家有义务发展和加强体育。为此应给予各项经费，不少于国家例行收入总预算的百分之三。这笔经费中的百分之五十应通过根据法律规定的形式建立的体育领导机构用于协会体育，百分之二十五用于学校的体育和娱乐，百分之二十五用于非协会体育。<br>第92条：体育的自治地位。承认并保障协会体育通过其领导机构——危地马拉自治体育总会和危地马拉奥林匹克委员会的自治地位。两者均有法人地位和自己的财产，免缴一切捐税 |

现代国家担负着为其国民提供和平和健康生活的责任。因此，总体上看，17、18世纪一些著名的权利文件列举的权利都属于免于干涉的消极权利，其主要目的在于免除国家干预。国家权力也被限制在对个人权利保护的最低程度。但随着时代的发展，包括体育权在内的社会权成为各国宪法

的重要内容与突出亮点。

就本书议题而言，综观上列各国宪法规范，既有资本主义国家宪法，也有社会主义国家宪法。因此，很难说社会主义国家对作为社会权的体育权就予以特别关照和另眼相待。另外，作为一项新兴基本权利，在104部成文宪法中，有超过10%的国家将其明确列举。这说明，即使在1997年前，体育权的重要性已经为部分国家所重视。甚至仅从年代上看，早在20世纪70年代体育权就已为几个国家宪法所明确列举，因此似乎不能称体育权是一项真正的"新兴权利"，至多是一项未普及的宪法性权利。上列各国宪法对体育权的规定，最为特别者是《危地马拉共和国宪法》（1986年）在"人权"一章中专门设立"体育"一节宣示体育权利和体育事业的重要性。还有一个可资对比的是，《伊拉克共和国临时宪法》（1970年）虽然在第28条提到"教育的目标是……造就体魄强健……的民族后代"，但没有体育及体育权的明确规定；但2005年重新制宪时，已将体育权予以明确列举。从此，也能看出体育权有一个日益重要的趋势。我们甚至可以大胆预言，如果有一次大规模的重新制宪运动，体育权将为更多的国家宪法所列举。

另外，尽管有些国家在宪法中明确规定体育的条款，但在其宪法文本中所处位置不同，也就决定了其效力不同。分析体育（权）在宪法文本上的不同位置，可以窥见不同国家在宪法层面对待公民体育权的态度存在的差异；也可以通过比较寻找最优的体育权宪法保护的方式。同时，外国宪法对公民体育权规定的方式及体现出来的对待体育权的态度，不仅是我们进行比较法研究的重要参考，也或许可以作为解决中国类似问题的"他山之石"。

还需说明的是，没有在宪法上明确列举体育权，并不意味着这些国家的公民就不享有实证意义上的体育权，甚至也不能说明确列举体育权的国家就一定比没有明确列举体育权的国家公民体育权的实现程度更高。

（二）部分国家其他宪法基本权利包含或部分包含体育权

这部分宪法规范示例见表4.2。

表4.2　可由其他基本权利推衍体育权的宪法规范示例

| 国家 | 条款规定 | 说明 |
| --- | --- | --- |
| 《爱尔兰宪法》（1937年） | 第12章"基本权利"第3节"教育"第42条第1款：国家承认，儿童最初和天然的教育者是家庭，国家保证尊重父母不可剥夺的权利和职责，使之按照自己的能力，给其子女以宗教和德、智、体以及社会等方面的教育 | 由受教育权推衍 |
| 《波兰宪法》（1997年）❶ | "经济、社会与文化自由和权利"章中第68条：一、人人均享有健康受到保护的权利。……五、国家支持体育发展，特别支持在儿童和青少年中开展体育运动 | 由健康权推衍 |
| 《吉尔吉斯共和国宪法》（1993年） | 第2章"公民"部分第3节"公民的权利和义务"部分第36条：2.国家保护历史文物，关心并创造必要条件来发展文学、艺术、科学、舆论工具和体育运动❷ | 由文化权利推衍 |
| 《科威特国宪法》（1962年） | 第3部分"公共权利和义务"章第40条第3款：国家对青年身体、精神和道德的发展给予特别的关怀❸ | 由受教育权推衍 |
| 《土库曼斯坦宪法》（1992年） | 第1部分"宪法制度原则"第10条：国家负责保护民族历史文化遗产和自然环境，保证各社会、民族共同体之间平等，鼓励科学、艺术创造及其成果的推广，促进科学、文化、培养教育、体育运动和旅游方面国际联系的发展。<br>第2部分"人和公民的基本权利、自由和义务"第36条第2款：国家促进科学、文化、艺术、民间创作、体育运动和旅游事业的发展❹ | 由文化权利推衍 |

---

❶ 《世界各国宪法》编辑委员会.世界各国宪法（欧洲卷）[M].北京：中国检察出版社，2012：148.

❷ 虽然该国宪法在公民的基本权利和义务部分规定体育，但事实上并没有明确宣告体育权，从其内容而言，视为国家方针政策条款为妥，但因其规定在该国宪法广义的"文化权利"条中，故称其为可由其他权利推衍的权利亦为合适。

❸ 该规定是规定在该国宪法受教育权条下，因此对青年身体发展的规定，可视为受教育权的一项重要内容，称其为体育权的规定，似有勉强。

❹ 类似地，该国宪法关于体育运动的规定列在广义的"文化权利"之后，故可视为可由文化权利推衍的基本权利。

续表

| 国家 | 条款规定 | 说明 |
|---|---|---|
| 《亚美尼亚共和国宪法》（1995年） | 第2章"人和公民的权利"第34条：每个人都有保护健康的权利，医疗救护和服务的程序由法律规定。国家实施保护居民健康纲要，促进发展体育运动 | 由健康权推衍 |
| 《白俄罗斯共和国宪法》（1996年） | 第2部分"个人、社会、国家"部分第32条第6款：青年的道德、精神和身体发展的权利得到保障。<br>第45条：保障白俄罗斯共和国公民享有健康保护的权利，其中包括在国家医疗保健机构接受免费医疗的权利。国家为所有公民创造享受医疗服务的条件。发展体育运动，采取改善环境卫生条件的措施，提供利用保健机构的可能性，完善劳动保护，均是白俄罗斯共和国公民享有健康保护权利的保障 | 由此可见，在白俄罗斯，是把体育运动作为了健康权利得保障措施 |
| 《保加利亚共和国宪法》（1991年） | 第2章"公民的基本权利和义务"第52条第1款：公民有权按法律规定的条件和程序得到能保证他们支付得起的医疗帮助的卫生保障和免费享用医疗服务。第3款：国家保护公民的健康并鼓励发展体育和旅游事业 | 从医疗照护权（健康权）推衍 |
| 《俄罗斯联邦宪法》（1993年） | 第2章"人和公民的权利与自由"部分第41条第1款：每个人都享有健康保护和医疗服务的权利，国家和地方的医疗保健机构依靠相应的预算资金、保险费及其他收入免费为公民提供医疗服务。第2款：在俄罗斯联邦，向保护和增强居民健康的联邦计划拨款，采取措施发展国家的、地方的和私人的保健系统，鼓励有助于增强人的健康、发展体育运动、保护生态和顺利实施卫生防疫的活动 | 从健康权推衍 |
| 《苏维埃社会主义共和国联盟宪法》（1977年） | 第1部分"苏联的社会制度基础和政治基础"第3章"社会发展和文化"部分第24条第2款：国家鼓励合作组织和其他社会组织在为居民服务的一切领域中的活动。国家促进群众性的体育运动的发展 | 从文化权推衍 |
| 《立陶宛共和国宪法》（1992年） | 第四章"国民经济和劳动"第53条：国家满足人民对健康的需要，保障患病时的医疗帮助和医疗服务。国家、医疗机构向公民免费提供医疗帮助的程序由法律规定。国家促进社会的体育文化和支持体育事业 | 从健康权推衍 |

续表

| 国家 | 条款规定 | 说明 |
|---|---|---|
| 《马其顿共和国宪法》（1991年） | 第2章"个人和公民的基本自由和权利"部分第47条第1款：保证学术、艺术及其他形式创作的自由。第4款：共和国鼓励和支持技术教育和体育 | 由广义的文化权推衍 |
| 《摩尔多瓦共和国宪法》（1994年） | 第2部分"基本权利、自由和义务"第2章"基本权利和自由"第50条"保护母亲、儿童和青年"第5款：政权机构保障青年自由参加国家的社会、经济、文化和体育生活的条件 | 由"特殊人群权利"推衍 |
| 《乌克兰宪法》（1996年） | 第2部分"人和公民的权利、自由和义务"第49条第1款：每个人都有保护健康、获得医疗救护及医疗保险的权利。第5款：国家关心发展体育和运动，保证在防止流行病卫生方面不出问题 | 从健康权（医疗照护权）推衍 |
| 《西班牙宪法》（1978年） | "总纲"第1章"基本权利和义务"第3节"社会和经济政策的指导原则"第43条第1款：承认健康受保护的权利。第3款：公共权力发展卫生教育、体育和运动，同时也为适当休息提供方便 | 从健康权推衍 |
| 《匈牙利共和国宪法》（1990年） | 第12章"基本权利和义务"第70条❶第1款：在匈牙利共和国领土上生活的人对尽可能最高水平的身体和精神健康拥有权利。第2款：这个权利由匈牙利共和国通过组织劳动保护、卫生机构和医疗保障，通过保证定期锻炼身体，以及通过保护已形成的环境和自然环境来实现 | 由健康权推衍 |
| 《海地共和国宪法》（1987年） | 第3编"公民的基本权利和义务"第2章"基本权利"第6节"教育和教学"第32条：国家保障受教育权。注意对人民进行体育、智育、德育、职业、社会和公民义务等方面的培训 | 从受教育权推衍。 |
| 《乌拉圭东岸共和国宪法》（1966年） | 第2编第2章第71条第1款：公立免费的初等、中等、高等、工业、艺术、体育教育为社会的公共事业；…… | 从受教育权推衍 |
| 《智利共和国政治宪法》（1980年） | 第3章"宪法权利和义务"第19条第9项：有保护健康的权利。国家保护个人自由、平等地参加增进、保护和恢复健康和体质活动的权利。国家负责协调和管理和健康事业有关的活动 | 从健康权推衍 |

---

❶ 该《宪法》将第70条分列为：第70条A、第70条B……第70条K。

续表

| 国家 | 条款规定 | 说明 |
|------|----------|------|
| 《巴西联邦共和国宪法》（1988年） | 第2编《基本权利及保障》章第5条第1款第28项第1目规定：保护个人参加集体性工作，保护包括体育活动涉及的人的声音和形象的再现 | 从著作权推衍 |

从表4.2可以看到，在作为推衍体育权的母体权利——健康权、休息权、文化权、受教育权、少数人权利中，健康权占比最高，这一规律说明更多的国家将体育与健康做了更多的勾连，这与《宪法》对体育的有关规定极为类似。从年代上看，远在1937年，《爱尔兰宪法》就在公民权利章节中写入体育内容。原为苏联加盟共和国的国家在公民权利章节中对体育关照也较多。应该注意的是，这些国家是在苏联解体后，即20世纪90年代先后制定的宪法，比起资本主义早期阶段的宪法而言，体育权受重视程度逐步提高的趋势是可以非常明显地观察到的。再如，1969年《巴西联邦共和国宪法》只在第二章规定"有关体育的一般规则"属于联邦的权力，但1988年修宪时，即在基本权利部分附带提及体育权利。

## （三）部分国家以基本国策形式对体育进行规定

基本国策被称为宪法中国家机关和人权规定以外的"第三种结构"。这种结构事实上是赋予政府在体育领域作出相应行为的作为义务。不同国家宪法对此有不同但大体相似的称呼，如德国宪法学称其为"国家目标条款"❶。基本国策条款的规范内容抽象、不易确定，但却可以限制立法者的政策形成自由。❷ 同时，国家目标条款"乃将宪法视为国家宪政发展的结构与方向之基本规范，所以不仅在国家的组织，也在整个国家的权力运

---

❶ 所谓"国家目标条款"是指宪法中对国家目标的明文规定，指的就是一些内容在于为现在以及未来的国家行为设定任务与方向的具有拘束性的宪法规范。张慰.《文化国》的秩序理念和体系：以国家目标条款带动的整合视角［J］.南京大学法律评论，2015（春季卷）：35.

❷ 张慰.《文化国》的秩序理念和体系：以国家目标条款带动的整合视角［J］.南京大学法律评论，2015（春季卷）：36.

作，应该遵循此一基本的方向。"❶ 因此，基本国策对于人民来说是监督和评价政府活动的标尺。有了这一尺度，人民不再是单凭感觉来判断政府的前进方向是否正确，而可以根据预定的目标在必要时要求政府纠正偏差。❷ 本书所谓基本国策并非指中国政治话语中针对中国国情提出的需要贯彻实施的基本的国家政策。例如，我们常说中国有三大基本国策，即计划生育、环境保护和科教兴国，而是指，在宪法文本中规定国家和社会的基本制度和基本政策的部分。我国宪法将该部分内容概括表述为"总纲"。再如《菲律宾共和国宪法》（1986 年）称为"关于原则和国家政策的宣告"、《阿拉伯叙利亚共和国宪法》（1973 年）称为"基本原则"、《泰王国宪法》（1991 年）称为"国家政策路线"，等等。

这部分宪法规范示例见表 4.3

表 4.3　基本国策对体育进行规定的宪法规范示例

| 国家 | 条款规定 |
| --- | --- |
| 《朝鲜民主主义人民共和国社会主义宪法》（1972 年） | 第 3 章"文化"第 47 条：国家不断地增强劳动者的体力；国家实现体育大众化，发展国防体育，使全体人民为劳动和国防做好准备 |
| 《菲律宾共和国宪法》（1986 年） | 第 2 章"关于原则和国家政策的宣告"第 2 节"国家政策"第 17 条：国家给予教育、科技、艺术、文化和体育以优先的地位，以培养人民的爱国主义和民族主义，加速社会进步，促进全人类的解放和发展。<br>第 14 章"教育、科学、技术、艺术、文化和体育"第 19 条：（一）国家应促进体育，鼓励制定体育计划、举行体育比赛、开展业余体育活动和为参加国际比赛而进行的训练，通过体育促进人民的纪律、合作精神和体育专长，以培养健康和机敏的公民。（二）一切教育机构应同体育组织和社会各界相互配合，在全国各地举行定期的体育活动 |
| 《斯里兰卡民主社会主义共和国宪法》（1978 年） | 第 6 章"国家政策指导原则和公民的基本义务"第 27 条第 13 项：国家特别关心促进儿童和青年的利益，以保证他们的身体、智力、道德、宗教和社会的全面发展，并保护他们免受剥削和歧视 |

---

❶ 陈新民. 宪法学释论［M］. 台北：台湾地区三民书局，2018：715.
❷ 刘东亮，郑东燕. 宪法基本国策研究［J］. 西南政法大学学报，2000（1）.

续表

| 国家 | 条款规定 |
| --- | --- |
| 《泰王国宪法》（1991年） | 第5章"国家政策路线"第68条：国家应支持促进发展民族的人口素质，特别要使儿童和少年在心身、智力、道德品质各方面得到全面发展。第77条：国家应发展体育、旅游和文化娱乐事业 |
| 《阿拉伯叙利亚共和国宪法》（1973年） | 第1章"基本原则"第3部分"教育和文化原则"第23条第3款：体育是社会建设的基础。国家鼓励体育以造就德智体坚强的一代 |
| 《越南社会主义共和国宪法》（1992年） | 第3章"文化、教育、科学、文化"第41条：国家和社会发展民族、科学和人民的体育事业。国家统一管理体育发展事业；规定学校的义务体育教育制度；鼓励和帮助发展人民的自愿体育组织形式；为不断扩大群众体育活动创造必要的条件，注重专业体育活动，培养体育人才 |
| 《瑞士联邦宪法》（1874年） | 第1章"总则"部分第27条：联邦有权制订关于青年从事体操和体育运动的规定。联邦可通过法令规定学校义务教授体操和体育课。联邦法规在学校里的执行由各州负责。联邦鼓励成年人从事体操和体育运动 |

关于宪法基本国策的效力，正如陈新民先生所言："一个规范，应该置于宪法的前言、宪法人权章或基本国策章，仅是制宪者对宪法章节的安排，而非对该规范内容有任何性质与效力（拘束力）上的差别认知。"❶ 也就是说，所有宪法上的规定都有法律效力，只不过效力形式不同而已。《印度宪法》（1949年）甚至在第4篇"国家政策之指导原则"第37条明确规定："本篇所含原则之适用范围——本篇所含条款不通过任何法院实施，但本篇所述原则，系治理全国家之根本，国家在制定法律时有贯彻此等原则之义务。"❷ 也有论者指出："作为第三种结构的国家目标条款是具有法律效力的宪法实质规范，其本质是透过宪法表现出整体法社会的价值决定。它既拘束立法者，又保留了其广泛的形成空间，而在司法审查的介

---

❶ 陈新民. 宪法学释论 [M]. 台北：台湾地区三民书局，2018：718.
❷ 姜士林. 世界宪法全书 [M]. 青岛：青岛出版社，1997：588.

入上则相应的应该选择弱违宪审查的模式。"❶ 也就是说，宪法基本国策虽然不直接生成公民宪法权利，但它是一种指针、一种基准，可以借以判断国家立法、行政和司法机关活动的合宪性。因此，在基本国策部分对体育事业进行规定，已经明确表明一个国家发展体育的基本态度和努力方向。

（四）小结

从表 4.3 可以看到，从时间方面说，1874 年《瑞士联邦宪法》最早写入体育条款。但是，这并不具有代表性。如果翻检《瑞士联邦宪法》，可以看到大量似乎不宜入宪的内容，如该部宪法第 23 条规定，鼓励在国内种植小麦、选择并购买本国优质种子等。❷ 按照陈华荣等学者的认识，体育条款大量入宪是在第二次世界大战后才逐渐蓬勃发展起来的。1990 年至今，是体育条款写入宪法最为密集和最为活跃的时间。❸

从数量方面说，约有 10% 的国家宪法明确列举了体育权，但大多数国家并未将体育权作为一项具体的公民基本权利规定在宪法文本上，而是采取较为"委婉"的方式实现对公民体育权的保障。也就是说，应该承认，截至目前，体育权宪法实证程度仍然较低是一个必须面对的现实。

总之，公民体育权入宪，系一国政治、经济、文化等各种因素共同作用的结果。可以这样说，对公民体育权在宪法文本结构中作出不同的处理，反映该国对公民体育权的权利属性的认识。一是反映出公民体育权在不同国家宪法上的地位不同；二是反映出公民体育权能否作为"法"和"规范"的处理不同。体育（权）条款在宪法结构上的位置和功能存在较大差异。也就是说，如果将公民体育权规定在总纲或者其他部分，那么这反映该国认为这一权利不具有防御性，并不具有法律规范所具有的"法"和"规范"属性。不具有"法"和"规范"属性，也就意味着不能由法

---

❶ 张慰. "文化国"的秩序理念和体系：以国家目标条款带动的整合视角 [J]. 南京大学法律评论，2015（春季卷）：39.
❷ 姜士林. 世界宪法全书 [M]. 青岛：青岛出版社，1997：1136.
❸ 陈华荣，王家宏. 体育的宪法保障：全球成文宪法体育条款的比较研究 [M]. 北京：北京体育大学出版社，2014：225.

庭直接实施，而只能等待政治机关制定法律。❶ 这种宪法文本结构上的不同，还涉及公民体育权实现方式的不同。根据宪法基本权利原理，规定在"公民的基本权利与义务"一章中的权利，多数情况下获得对抗国家权力的属性，是国家一切行为的界限，包括立法机关都不得任意制定限制公民基本权利的法律。而规定在总纲或者其他部分的条款，虽然有的在宪法中也标为"权利"字样，但这样的权利往往是要求国家积极制定法律促进实现。例如，《斯里兰卡民主社会主义共和国宪法》是将消极自由作为"基本权利"列举，而将包括体育权在内的社会权作为"国家政策指导原则"单独成章。

总体而言，明确将公民体育权写入宪法的国家的确不多，但从其他宪法权利中可推衍的不少，将发展体育事业作为国家政策主张的更多。这从另一方面说明，在大多数国家，尽管体育权利并未进入宪法权利清单，但体育权利日显重要，亦属不争的事实。

## 二、体育权在国际人权文献中的体现

作为带有鲜明受益权色彩的积极权利，公民体育权是一些国际法律文件（特别是国际体育法）所肯定和推崇的基本人权（见表4.4）。

表4.4 体育权在国际文献中的规定示例❷

| 《世界人权宣言》（1948年） | 《世界人权宣言》第22~27条宣布，人人拥有社会安全权利、工作的权利、休息的权利和娱乐的权利、享有适当生活水准的权利、享受教育的权利及自由参与社会文化生活的权利 |
| --- | --- |
| 《经济、社会和文化权利国际公约》（1966年） | 第12条规定：人人享有能达到最高体质和心理健康标准的权利 |
| 《儿童权利国际公约》（1989年） | 第29条第1款第1项：缔约国一致认为教育儿童的目的应是：最充分地发展儿童的个性、才智和身心能力❸ |

---

❶ 郑贤君. 社会基本权理论［M］. 北京：中国政法大学出版社，2011：159.
❷ 除有特别标明，本表资料根据网络文本资源整理。
❸ 有人认为该公约第24条"儿童有权享有可达到的最高标准的健康"系体育权保障的规定。笔者认为，从该条款的前后内容来看，这实际上仍只是规定了儿童的健康体质权，与体育权关系不大。

续表

| | |
|---|---|
| 《欧洲体育运动宪章》(1975年)、《新欧洲体育运动宪章》(1992年) | 每个人都具有从事体育运动的权利 |
| 《体育运动国际宪章》(1978年) | 第1条 参加体育运动是所有人的一项基本权利。<br>1.1 每个人具有从事体育运动的基本权利,这是为充分发展其个性所必需的。通过体育运动发展身体、心智与道德力量的自由必须从教育体制和从社会生活的其他方面加以保证。<br>1.2 每个人必须有充分的机会按照其民族运动传统从事体育运动,增进体质并获得与其天赋相适应的运动成就。<br>1.3 必须为年轻人(包括学龄前儿童)、老年人和残废人提供特别的机会。通过适合其需要的体育运动计划来充分发展他们的个性 |
| 《奥林匹克宪章》(2007年) | 基本原则第4条规定:运动是人类的权利。每一个人都应能在奥林匹克精神下不受任何歧视地进行运动…… |

有学者提出1946年的《世界卫生组织章程》提出的健康基本人权体现国际社会对体育权的保护。[1] 这种观点,笔者认为过于勉强。因为正如《世界卫生组织章程》宣称的那样,它是一个以促进各国人民健康和卫生事业为宗旨的国际组织,而与体育事业的联系较为间接。类似地,笔者也不认为可由《世界人权宣言》第27条第1款规定的"人人有权自由参加社会的文化生活,享受艺术,并分享科学进步及其产生的福利"引申出体育权应予保护的观点。还有《经济、社会和文化权利国际公约》第12条第1款规定的"本公约缔约各国承认人人有权享有能达到的最高的体质和心理健康的标准"亦非明确的体育权的规定。因为由第2款的规定可以看到,这是一条关于健康权的规定。其价值也许仅限于于善旭教授所指出的那样,这为"公民体育权利在国际法中的明确提出奠定了基础"[2]。与此同时,还应该看到,晚近各国际权利文件,包括《欧盟基本权利宪章》《欧盟宪法条约》等诸多最新的人权法律文件中均未明确规定公民的体育

---

[1] 谭小勇. 国际人权视野下我国公民体育权利的法学诠释 [J]. 体育与科学, 2008 (5).
[2] 于善旭. 论公民体育权利的时代内涵 [J]. 北京体育大学学报, 1998 (4).

权利。❶

不得不说，事实上，体育权的提出主要来自于国际体育法律文献。这些国际性文件基于公认的道德标准和价值判断架构的公民基本权利保障体系，为我国公民的体育权利保障提供借鉴和法律依据。❷ 由于中国已经加入部分上列国际公约（有的不属于政府间国际组织），因此作为缔约国，中国就有履行所加入的几个公约的国家义务（保留条款除外）。也因此，这些国际公约所确立的价值标准也需得到遵守。

## 三、公民体育权宜在《宪法》明确列举

应该看到，尽管从理论上讲，未列举基本权利也属于应予保护的宪法权利。但宪法对某项权利是否明确列举，其效力仍存在很大不同。将公民权利在宪法中专门列出，这种实证化的意义在于，借以警示、约束政府，公民的基本权利是如此重要，非以正当理由（公共利益）并通过正当程序，公民的基本权利不得限制或减损。从时代发展角度而言，笔者认为，公民体育权具备作为宪法权利的基本品质，将体育权在我国宪法中加以明确列举具有重要的理论价值和现实意义。

### （一）明确列举有助于强调体育权的宪法属性

如前所述，在中国，体育权处于宪法上"半真正未列举权"的地位。不管是在宪法学理论上，还是在法治实践中，未被明确列举，并非意味着体育权丝毫不受保障。事实上，我国公民体育权的法律保障制度已经有了长足进展。例如，我国《全民健身条例》（2009年）第4条第1款规定："公民有依法参加全民健身活动的权利。"除此之外，《体育法》《全民健身计划纲要》等法律、规范性文件中也都有保障公民体育权利的具体制度。但是，《全民健身条例》仍属国务院行政法规，尚未进阶至法律层级。

---

❶ 张振龙，于善旭，郭锐. 体育权利的基本问题 [J]. 体育学刊，2008 (2).
❷ 王湧涛，刘苏. 论公民体育权利的法律保障 [J]. 首都体育学院学报，2008 (3).

而且，一种权利是否得以在宪法上明确宣示，意义仍有重大不同。各国的宪政实践表明，在奉行宪法成文主义的时代，"成文宪法是人权价值实现的保障"❶。特别是对奉行法律实证主义的中国而言，体育权入宪，可以更加明确地宣示体育权的宪法权利地位，从而形成体育权宪法保障的规范前提。也就是说，虽然普通法律已经部分落实公民体育权利，但应该看到，包括《体育法》在内的普通法律，相对于作为根本法的宪法而言，其所承载的价值体系与宪法不可同日而语。所有的国家机关及其权力都必须在宪法确定的价值体系下运作。因此，根本地说，只有将体育权列举于宪法权利法典中，公民体育权才可能不至于流于空泛。

## （二）明确列举有助于彰显体育权的时代内涵

在宪法理论上，一项权利如果在"公民基本权利"章节未予明示，那么其所表明的是，立宪者认为，至少在当时，该项权利是不急于入宪的。但这不等于该项权利永远不应入宪。社会生活的变迁促进权利观念的变化。公民体育权是否具备宪法品格，要斟酌体育权利的时代内涵。

体育权是一个颇具历史意味的概念。在自由国家观念之下，国家职能限于维持社会基本秩序，宪法上一般仅列举那些被称为第一代人权的自由权，❷ 以示其重要，不得侵犯；对体育事业，国家基本处于无为状态。但随着现代社会发展，积极国家观念为越来越多的国家所奉行。如今，社会国家已经普遍成为自由国家的替代。那种期望政府只做到最小，对国民福利持消极立场的主张，已与时代发展不相合拍。根据法国著名历史学家基佐的观点，15世纪欧洲的一个重要特征就是，"在前所未有的规模上创建国家和政府"❸。包括体育权在内的社会基本权出现在宪法"权利清单"上，就是积极国家观念的产物。

---

❶ 王士如. 宪法的政治形式：权力制约与人权保障 [J]. 上海财经大学学报, 2002 (3).

❷ 宪法最早列举的一般称为第一代人权，如生命权和政治参与权；第二代人权即经济、社会、文化权利，即广义上的社会基本权；第三代人权即和平权和环境权等连带权利。姜峰. 立宪主义与政治民主：宪法前沿十二讲 [M]. 北京：华中科技大学出版社, 2013: 201. 也有人认为，发展权是第三代人权。

❸ 基佐. 欧洲文明史 [M]. 北京：商务印书馆, 2005: 198.

在现代社会，第一，人的全面发展的需求日趋显要，教育内容中的体育逐渐成为重要内容，基于为工业化社会提供全面发展的劳动者的需要，很多国家通过法律的形式对教育内容，特别是对义务教育阶段的体育教育作出强制性规定。体育已成为个人发展其全面人格、发展个性、追求幸福和提升生活品质不可或缺的条件。❶ 公民体育权的发展也说明这样一个道理："人权产生和进步的内因和根据是人的自然属性，即人的物质与精神需要和对幸福的无限追求，这是人权产生和发展的目的和根本动力。"❷ 第二，随着人民物质生活水平的提高，闲暇时间逐渐增多，"我运动，我健康"的运动观念和健身意识不断增强。健身、运动成为越来越多的公民休闲、娱乐的选择形式。另外，工业社会的深入发展，特别是信息化社会的冲击，普通公民从事体力活动（从而借机锻炼身体）的机会日益减少，因此人们不得不挤出专门时间进行体育锻炼，这需要国家提供基本的体育设施。第三，部分具备体育天赋的公民有参与体育比赛的强烈需求，这要求国家举办或者支持社会力量举办适当的运动会，以满足这部分公民参赛的愿望。于是，体育进入国家视野，对体育的管理成为现代国家的一项重要职能。于是公民体育权日渐成为一个现时代的强烈的社会需求。

无疑，宪法权利对人的发展颇为重要。因此，一般性的权利难以进入立宪者的视线。但是，宪法权利却并不神秘，当一种权利的重要程度超越某种"临界点"后，自然产生进入宪法文本的要求。有如上述，体育权的重要性也呈现一个历史性上升的过程，直至发展到"入宪"提上议程。可以认为，如今体育权已经"成长"为与国民主权、人性尊严"息息相关"者；已经不是一个可以被漠视或边缘化的权利。它变得对公民已是如此重要，在宪法上如果一直被"冷待"，是一件令人遗憾的事情。

### （三）明确列举有助于突出体育权利的国家义务

在宪法上，公民权利对应国家义务。正是这一点，使宪法权利与普通

---

❶ 郑贤君. 社会基本权理论 [M]. 北京：中国政法大学出版社，2011：263.
❷ 广州大学人权理论研究课题组. 中国特色社会主义人权理论体系论纲 [J]. 法学研究，2015（2）.

权利具有不同的法律意蕴。具体而言，宪法上体育权的义务主体是国家，而体育法上体育权的义务主体是体育行政机关、体育协会等组织。因此，在宪法上明确载明公民体育权，等于是明确宣告公民体育权是得到国家宪法层面确认的，是应由国家承担义务保障予以实现的。宪法权利的特点在于，对于消极权利（自由权）而言，公民享有抵制国家恣意侵害的权利；对于积极权利（社会权）而言，国家负有采取适当措施予以尽力实现的义务。

根据李震山先生的观点，基本权利入宪宛如一盏明灯，可以引领人民主张并争取自己的权利，同时也可约束政府。因为，基本权利可作为政府分配社会资源的根本依据。❶ 如前所述，在德国宪法学理论上，宪法权利具有主观公权利与客观规范两个面向的功能。其客观规范功能应被视为"立法、行政与司法的方针与推动力"❷。在这种内涵之下，公民体育权即为国家立法、执法、司法各机关之行动指南。国家的立法、行政执法、司法各项治权客观上均应受体育权支配，即国家各项治权应为公民体育权之实现履行必要的义务。这时，公民体育权就成为评价国家权力行使合法与否、正当与否的规范准则。因此，公民体育权入宪可以丰富《宪法》整体的规范价值体系。

### （四）明确列举有助于促进政府积极履行国际公约

1966年21届联合国大会通过的国际人权公约包括三个文件，即《经济、社会及文化权利国际公约》《公民权利和政治权利国际公约》和《公民权利和政治权利国际公约任择议定书》。其中，《经济、社会及文化权利国际公约》第12条规定："人人享有能达到最高体质和心理健康标准的权利。"《经济、社会及文化权利国际公约》是直接约束缔约国的公约，在法的意义上极为重要。如今，中国已签署并批准了这一公约。虽然我国在批准时做了解释性说明，但是并没有对任何条文作出明确的保留。因此，该

---

❶ 李震山. 多元、宽容与人权保障：以宪法未列举权之保障为中心 [M]. 台北：元照出版公司，2005：136 - 137.

❷ 陈征. 国家权力与公民权利的宪法界限 [M]. 北京：清华大学出版社，2015：46.

公约从整体上对我国具有约束力。❶ 中国政府应当遵守该国际公约所确立的价值标准，承担该公约所设定的国家责任。

简单来说，国际公约（含双边条约）在国内落实的方式有两种。一种是国际公约在国内法上直接适用；另一种是国际公约须通过国内法的转换后才能适用。❷ 我国宪法并未规定国际公约可以在中国境内直接适用，因此，国际公约必须首先通过宪法，其次通过普通法律的具体规定，才能转换为国内具体可适用的法律并得到执行和贯彻。通过对比可见，《宪法》"总纲"有关体育规定的内容，与《经济、社会及文化权利国际公约》中关于体育权利的规定，还存在一定差异，因此《宪法》存在如何与该公约整合的问题。主要是，我国宪法需要载入体育权的相关内容。因此，将体育权载入宪法文本，明文加以保障，乃是我国政府履行该国际公约义务的重要一步。

承上所论，"宪法是对一个国家的人权观念、人权体系、人权的制度保障机制的最完整的法律体现"❸。体育权入宪，将促使国家和公民正视体育权应受保障的诸多事项。在宪法权利清单中明确规定体育权，对于学生在校接受身体教育、公民参加群众体育活动、运动员参加竞技体育比赛等皆有必要。体育权入宪，"至少表明'国家是为人民存在'的理念，并以崭新的基本权利章作为一盏明灯，引领人民主张并争取自己之权利"❹。

## 四、公民体育权明确列举的可能路径

从上述他国宪法规范和部分国际条约来看，公民体育权属于宪法位阶

---

❶ 莫纪宏. 实践中的宪法学原理 [M]. 北京：中国人民大学出版社，2007：407.
❷ 实际上，国际公约在国内适用的问题，理论上相当复杂，并非一言所能澄清。有关分析可参见徐秀义，韩大元. 现代宪法学基本原理 [M]. 北京：中国人民公安大学出版社，2001：547-583.
❸ 任喜荣. 理解宪法基本价值的五个维度：重塑依宪治国的观念基础 [J]. 吉林大学社会科学学报，2015（2）.
❹ 李震山. 多元、宽容与人权保障：以宪法未列举权之保障为中心 [M]. 台北：元照出版公司，2005：441.

与层次的问题,应受到宪法制度性保障。因此,倡议将公民体育权列入宪法权利清单中。虽然,如有学者指出的一般,公民权利入宪的方式,是选择将其列为基本国策章还是基本权利,"属修宪者自由形成空间",但是,毫无疑义,以列举的方式纳入基本权利保障的清单,最为直接有效。❶ 也就是说,基本国策的性质与效力,得否作为宪法保障基本权利的直接依据,理论与实践都存在很大争议。因此,若仅将公民体育权置于宪法基本国策章,其作为基本权利的功效将被大为削弱。

## (一) 我国宪法文本上体育(权)条款的历史回望

对我国宪法文本上体育(权)条款的规定作一历史回溯,有助于我们加大当下对这一问题进行思考的纵深感。因此,还是让我们把目光投向我国历史上的宪法文本,看看它们对体育(权)都是如何规定的(见表4.5)。

表4.5 体育(权)在中国宪法文献中的体现

| 宪法文本 | 具体规定 |
| --- | --- |
| 《中华民国宪法》(1946年) | 第13章"基本国策"第5节"教育文化";第158条规定:教育文化,应发展国民之民族精神、自治精神、国民道德、健全体格、科学及生活智能 |
| 《中国人民政治协商会议共同纲领》(1949年) | 第5章"文化教育政策"第48条规定:提倡国民体育。推广卫生医药事业,并注意保护母亲、婴儿和儿童的健康 |
| 《中华人民共和国宪法》(1954年) | 第3章"公民的基本权利和义务"第94条:中华人民共和国公民有受教育的权利。国家设立并且逐步扩大各种学校和其他文化教育机关,以保证公民享受这种权利。国家特别关怀青年的体力和智力的发展 |
| 《中华人民共和国宪法》(1975年) | 第1章"总纲"第12条:无产阶级必须在上层建筑其中包括各个文化领域对资产阶级实行全面的专政。文化教育、文学艺术、体育卫生、科学研究都必须为无产阶级政治服务,为工农兵服务,与生产劳动相结合 |

---

❶ 李震山. 多元、宽容与人权保障:以宪法未列举权之保障为中心 [M]. 台北:元照出版公司, 2005: 189.

续表

| 宪法文本 | 具体规定 |
| --- | --- |
| 《中华人民共和国宪法》（1978年） | 第1章"总纲"第13条：国家大力发展教育事业，提高全国人民的文化科学水平。教育必须为无产阶级政治服务，同生产劳动相结合，使受教育者在德育、智育、体育几方面都得到发展，成为有社会主义觉悟的有文化的劳动者。第3章"公民的基本权利和义务"第51条：公民有受教育的权利。国家逐步增加各种类型的学校和其他文化教育设施，普及教育，以保证公民享受这种权利。国家特别关怀青少年的健康成长。第52条：公民有进行科学研究、文学艺术创作和其他文化活动的自由。国家对于从事科学、教育、文学、艺术、新闻、出版、卫生、体育等文化事业的公民的创造性工作，给以鼓励和帮助 |
| 《中华人民共和国宪法》（1982年） | 第1章"总纲"第21条第2款：国家发展体育事业，开展群众性的体育活动，增强人民体质。第46条：中华人民共和国公民有受教育的权利和义务。国家培养青年、少年、儿童在品德、智力、体质等方面全面发展 |

由表4.5可以看出，我国1982年《宪法》在"总纲"和"国家机构"部分已有关于体育的条款，但在制度设计上，尚未将体育权作为公民的一项基本权利看待。另一个值得注意的细节是，相比之前的宪法文本，1982年《宪法》中，在国务院行使的职权中明确增加了对体育的领导和管理。❶这是体育事业（从而亦是体育权）重要性升高的标志性事件。

（二）我国公民体育权明确列举的模式选择与方案设计

1. 模式选择

如果仔细检视各国宪法，体育或者体育权条款在宪法文本中的规定模式概有三种类型：第一类是只在"国家基本政策"部分规定国家发展体育事业

---

❶ 《宪法》第89条第（七）项规定国务院行使的职权包括："……领导和管理教育、科学、文化、卫生、体育和计划生育工作"。可资对比的是，在《宪法》（1954年）第49条第9项只提及国务院"管理文化、教育和卫生工作"。

的原则，而不再明确规定体育权；第二类是只在"公民的基本权利和义务"章中规定体育权，而不在"国家基本政策"部分提及体育事项；第三类是既在"国家基本政策"章中宣示国家发展体育事业的原则，也在"公民的基本权利和义务"部分明确规定体育权。那么，中国应该选择哪种模式呢？

事实上，如果翻看《宪法》，可以发现，是将社会权利类的权利规定在"公民的基本权利和义务"一章，且在权利条款中同时规定国家任务和保障内容，并在"总纲"中规定指导目标。因此，郑贤君教授认为，我国宪法中，社会权利是"权利"和"目标"的综合体。[1]我国宪法对社会经济类权利的独特规定方式，表明我国宪法注重国家保护义务，强调国家在促进公民社会权利方面的责任。[2]笔者认为，公民体育权具有鲜明的社会权利色彩，因此宜采用上述模式中的第三类，以和其他社会权利的保障模式保持一致。

2. 方案设计

考虑到《宪法》的稳定性、修正的便利性以及整体结构和内容的协调性，笔者尝试提出修宪方案：①原来"总纲"第 21 条第 2 款规定的"国家发展体育事业，开展群众性的体育活动，增强人民体质"，可以保持不变；②增加"公民有接受体育教育、从事体育运动和参加体育竞赛的权利。国家依法保障公民体育权利的实现"，作为《宪法》第 47 条，原有条款内容保持不变，依次调整序号。

## 第二节 公民体育权的立法完善

体育权入宪不是目的。体育权的真正实现，还相当程度上依赖于立法形成、行政决定以及司法保护。其中，国家在相关领域的立法是首要和关键。立法者是宪法实施的重要主体。宪法上的基本权利条款大多需要通过

---

[1] 郑贤君. 社会基本权理论 [M]. 北京：中国政法大学出版社，2011：155.
[2] 同[1]167.

立法具体化其保障范围和构建具体的保障机制。❶ 如前所述，公民体育权主要作为一种社会权面向的权利，其规范效力在于体现为一种宪法上的"客观价值秩序"，其效力的发挥主要依赖于宪法委托之立法义务的履行，这集中体现为对宪法上公民体育（权）规范的明确化、具体化和精细化。也就是强调国家有义务通过立法以建构和形成体育基本制度。❷

"一部活的宪法，必须有回应社会变迁的能力，将现代宪法的各项原则与权利保护，具体落实在下位个别法制中。否则，宪法无法充分反映时代精神，使宪政实际与宪法规范不一致，将会逐渐丧失其生命力，成为纸上宪法。"❸ 在这方面，着实有"以法律创设宪法内容"❹ 的意思。公民体育权的实现，立法机关需要积极履行立法义务，制定有关公民体育权的立法，为公民体育权的实施确立具体标准。

具体而言，一是加强体育立法，构建完整的公民体育权保障的法律体系；二是在权利保障理念指引下，重点对《体育法》进行整体性修订；三是完善《体育法》配套法律法规的制定，制定学校体育法、促进《全民健身条例》向全民健身法升级转换。

## 一、完善公民体育权保障的法律体系

所谓法律体系，是指由一国现行的全部法律规范按照不同的法律部门分类组合而形成的一个体系化的有机联系的统一整体。❺ 仿此，我国体育法律体系即由包括宪法、法律、行政法规、地方性法规、行政规章（含部门规章和地方政府规章）等形成的一个层级分明、上下有序的有关体育的法律规范的总体。这里应该特别说明的是，根据《立法法》（2015 年）第

---

❶ 魏治勋. 全面有效实施宪法须加快基本权利立法［J］. 法学，2014（8）.
❷ 邓炜辉. 论社会权的国家保护义务：起源、体系结构及类型化［J］. 法商研究，2015（5）.
❸ 李震山. 多元、宽容与人权保障：以宪法未列举权之保障为中心［M］. 台北：元照出版公司，2005：166.
❹ 同❸.
❺ 张文显. 法理学［M］. 第 4 版. 北京：高等教育出版社，2011：78.

2 条规定❶，在我国，"规范性文件"不属于"法"的范畴，不具有法律效力。❷ 因此，本书对不具有"法"效力的规范性文件只在必要时提及，但不作为体育法律体系完善与否以及改革方向的例证。先前有些研究使用"体育法规体系"的概念，其中包括"规范性文件"在内，❸ 笔者认为不妥，不仿此例。

### （一）体育权保障的法律体系现状

大体而言，目前我国基本上形成了一个以《宪法》为核心，以《体育法》为主干，以行政法规为基础，以部门规章和地方性法规、地方政府规章为补充的较全面的公民体育权利法律保障法律规范体系。❹

首先，1995 年《体育法》颁布施行，为体育立法的发展奠定了重要基础。以《体育法》为基础，包括行政法规、地方性法规、国务院部门规章和地方政府规章在内的体育法律体系已经较为完善。这个体育法律体系，当然也是公民体育权保障的法律体系。这些体育法律规范涵盖学校体育、社会体育、竞技体育、体育纠纷解决、运动员权利保障等各个方面的内容，为我国实现体育法治化奠定了坚实的基础。

其次，我们也应该看到，一个完善的体育法律体系应当是以宪法为统率，以体育法及体育相关法为主干，由法律、行政法规、地方性法规、行政规章（包括国务院部门规章和地方政府规章）等多个层次的法律规范构成的。这个法律体系的理想化目标应该是门类齐全、结构严密、内在协调。门类齐全，是指在宪法统摄下，除了由体育法作为基本法之外，调整不同体育社会关系的一些最基本的法律部门应该具备，如调整学校体育、

---

❶ 《立法法》（2015 年）第 2 条规定："法律、行政法规、地方性法规、自治条例和单行条例的制定、修改和废止，适用本法。国务院部门规章和地方政府规章的制定、修改和废止，依照本法的有关规定执行。"

❷ 当然，笔者也承认，在当下中国，"规范性文件"以"红头文件"的形式出现，有的时候，它的确比国家法律还管用，但这毕竟是法治建设进程中的暂时现象。

❸ 于善旭，张剑，陈岩．建立以《体育法》为核心的我国体育法规体系的框架构想 [J]．中国体育科技，1999（1）．

❹ 谭小勇．国际人权视野下我国公民体育权利的法学诠释 [J]．体育与科学，2008（5）．

社会体育和竞技体育、体育纠纷解决等方面的法律规范，不应有大的缺漏；结构严密，是指不但整个体育法律体系要有一个严密的结构，而且各个子部门内部也要形成一个从骨干法律到与骨干法律相配套的行政法规、地方性法规、规章等的严密结构，如将来制定学校体育法后，要有相应配套的学校体育条例等；内在协调，是指在体育法律体系中，一切法律都要服从宪法，即普通法与根本法相协调，程序法与实体法相协调等，如体育纠纷处理机制应与体育实体法相协调。

## （二）现有公民体育权保障法律体系的缺陷

无疑，随着时代的发展和进步，自体育权保障视角以观，现有这一体育法律体系已不能适应体育事业发展实践的需要，其缺陷包括但不限于如下几方面。

一是现有立法缺少权利理念的支撑。总体而言，中国过去的立法主要体现的是行政管理的手段和工具，以形成秩序为目标，而权利观念较为淡薄。二是《体育法》面临修改。实施于1995年的《体育法》还带有显著的计划经济体制的色彩，难以适应市场经济体制改革和发展的现实需要。三是一些重要立法尚付阙如，纵横交织的体育立法网络结构体系没有呈现，主要是与《体育法》相配套的一些具体领域中的法律尚未出台，如学校体育法、全民健身法尚未提上议事日程等。四是在立法内容上，①偏向竞技体育，对群众体育和学校体育关注远远不够。根据《宪法》第21条规定，国家发展体育事业，开展群众性的体育活动，增强人民体质，因此，群众体育应是体育事业发展的主要形式，但现行体育法律规范从数量上说主要规范的还是竞技体育；②对实体法关注多，程序性立法少，如体育纠纷处理方面的法律法规基本没有；③法律责任条款操作性较差。例如，《体育法》（1995年）第46条第2款对侵占体育场地的禁止性规定、《公共文化体育设施条例》（2003年）第27条对改变公共体育设施的程序性规定，都没有得到很好地贯彻和执行。五是立法层次总体偏低。现有体育法律体系中，法律、行政法规过少。即是说，看起来，好像体育立法件数不少，但多为体育部门规章，规范效力层次较低。六是体育立法的技术有待提高。大量规范在结构布局、语言运用等立法内容上不具有规范性和严谨性。❶ 七是地方体育立法、国际体育立法总量较少。

分析既有体育法律体系缺陷存在的原因有两个方面。一是体育权尚未形成一种实质性的权利形态，对体育权保护的理念尚未真正确立起来。或者说，人们想不起来给体育权的保护立法；或者想起来了，认为不值得；也或者认为值得立法，但一时还排不上号，也就是不急于立法。这与体育权尚未在宪法中取得"名正言顺"的地位有直接的关系。比照相似程度最高的受教育权，体育权立法不受重视的程度就完全清楚了。二是人文精神的缺失影响体育立法的进程。❷ 体育行政主管部门更加关注竞技体育中的"金牌"；社会观念也认为体育就是竞技、竞技体育就是金牌数目；对体育丰富的社会价值没有完整、清晰、正确的认识。

### （三）体育权保障法律体系的完善

有关部门曾经对体育立法有过一个瞻望，即在21世纪初，初步建立起适应社会主义市场经济需要，符合现代体育的运动规律，以宪法为指导，以体育法为龙头，以行政法规为骨干，以部门规章和地方性法规为基础，结构合理、层次衔接有序的体育法规体系和与之相适应的体育执法监督和法律服务体系。……争取在2010年前后，使体育工作全面纳入规范化、法治化轨道。用学者的话说就是，形成一个"纵横兼顾、内容全面、层次分明、统一灵活、可操作性强的体育法制体系"❸。应该说，这一目标至今尚未最后达至。中国体育法律体系的完善仍然"在路上"。对于中国体育法律体系改革与完善的问题，已有不少学者进行过较为深入和较高价值的探讨。笔者在此仅提出一个基本的框架，以供同行批评。

#### 1. 社会体育法律体系之完善

首先，将《全民健身条例》升格为"全民健身法"。《全民健身条例》

---

❶ 吴亮.《体育法》立法语言缺陷及完善 [J]. 天津体育学院学报，2013（4）.
❷ 钟薇. 体育法热点问题研究 [M]. 北京：知识产权出版社，2013：245.
❸ 岳爱萍. 论我国公民体育权利的实现 [J]. 体育文化导刊，2006（7）.

系我国第一部专门规范社会体育的基础性行政法规,但法律位阶仍然嫌低,因此有必要将其升格为法律。否则在社会体育领域中缺少一个法律位阶的规范,与学校体育和竞技体育也不协调。相应地,应该配套制定全民健身法实施条例、民族体育发展条例、国家体育锻炼标准施行办法等行政法规。在此框架下,可以制定若干具体的部门规章,各地也可以因地制宜制定一些地方性法规或规章,或者体现地方特色,或者将中央立法予以具体化。

其次,制定与全民健身法相配套的法律。例如,日本为保障群众体育活动场地,除在《体育振兴法》中的规定外,在《学校体育设施对外开放法》《城市公园法》《自然公园法》等法律中规定要允许群众在其中进行身体锻炼。美国除《业余体育法》外,也还有关于妇女体育、残疾人体育等方面的体育法规。[1] 我国可以考虑制定的法律包括残疾人体育法、公立学校体育设施对外开放法等。

最后,细化社会体育立法的规范内容。例如,《学校体育工作条例》《公共文化体育设施条例》等都有体育场馆的规定,但这些规定过于笼统,难免执行不力。[2]

### 2. 学校体育法律体系之完善

首先,将现有《学校体育工作条例》改造且升格为学校体育法,以提升学校体育立法层次。《学校体育工作条例》制定于计划经济时代,已经远远不能适应社会生活和学校体育法治实践的需要。例如,其中尚有"粮食定量"等鲜明的计划经济时代的语词。另外,《学校体育工作条例》没有民办教育的内容,也与民办教育发展的实践不相适应。《中共中央、国务院关于进一步加强新时期体育工作的意见》明确提出:"各类学校要培养学生德、智、体、美全面发展,提高体育教学质量,确保学生体育课程和课余活动时间,把具有健康体魄作为青少年将来报效祖国和人民的基础

---

[1] 刘磊鑫. 论建立中国群众体育法律体系 [J]. 体育学刊, 1996 (3).
[2] 黄世席, 陈华栋. 日本体育法及其对我国相关体育立法的借鉴 [J]. 体育与科学, 2006 (2).

条件。"《体育法》中也明确对青少年、儿童的体育活动给予特别待遇，❶ 因此，有必要专门制定一部学校体育法。不过，笔者以为，如果已经制定了学校体育法，即不必再制定专门的青少年体育法。

其次，推动《中华人民共和国教育法》（以下简称《教育法》）相应内容的修改，使《体育法》和《教育法》在学校体育这一内容上的规定一致协调，同时细化《教育法》和《体育法》相关内容。

最后，完善配套立法。配合学校体育法制定学校体育条例，❷ 国民体质监测条例、学生体质健康标准（试行方案）、农村体育条例，等等。

我国约有 4 亿青少年在各级各类学校学习。学生有权在校增进身心健康、学习体育知识、接受体育教育和技能培训、进行体育锻炼和课外体育活动、在文化活动中进行积极性休息、享受体育公共资源。学校体育既是教育的重要内容，也是群众体育的组成部分，还是竞技体育重要的后备力量培育基地。因此，重视学校体育，是一举三得的事。据统计，2014 年我国仍有 7.8% 的学校不上体育课，24% 的学校每天的体育锻炼时间低于 1 小时。此外，体育活动场地不足、体育设施设备陈旧、随意克扣体育经费、随意占用体育课时间、体育课测试流于形式等现象十分突出。❸ 对此种状况，需通过法律予以规制。

### 3. 竞技体育法律体系之完善

首先，竞技体育法律体系主要是由关于高水平运动训练和竞赛以及相关管理工作的规范与保障的法律法规等构成。由于竞技体育具有鲜明的行业和专业特点，与其他社会领域的分野较为明显，因此不必专门制定单行法。❹ 也就是说，不必制定类似全民健身法、学校体育法等的竞技体育法。

其次，笔者建议仿照法国《反兴奋剂与保护运动员健康法》，将我国

---

❶ 例如，《体育法》第 18 条规定："学校必须开设体育课，并将体育课列为考核学生学业成绩的科目"；另外，第 19~22 条也进一步对学校体育工作进行了规定。

❷ 《学校体育工作条例》中的"工作"两字完全可以去掉。

❸ 朱健. 学校现行体育法律法规的体系构建探究［J］. 西安体育学院学报，2016（2）.

❹ 于善旭，等. 建立以《体育法》为核心的我国体育法规体系的框架构想［J］. 中国体育科技，1999（1）.

现有的《反兴奋剂条例》升级改造为职业运动员健康与反兴奋剂法。同时，与《中华人民共和国刑法》中反兴奋剂相应内容❶衔接，明确对故意使用兴奋剂并造成严重影响或者严重损害的行为，依法追究刑事责任。

最后，对一些运动训练、竞赛组织与管理、竞赛纪律与处罚等方面应该制定一些行政法规或者部门规章。当然，具有地方立法权的地方国家机关也可以在贯彻国家法律精神、原则和规则基础上，制定具有地方特色的法规、规章，把国家立法予以细化、可操作化。

## 二、通过修改《体育法》加强公民体育权保障

### （一）《体育法》的成效与缺陷

1995 年 8 月 29 日，经过 8 年反复酝酿、8 年艰苦起草的《体育法》在第八届全国人大常委会第十五次会议上获得全票通过。《体育法》的颁布，不仅填补了国家立法的一项空白，而且标志着中国体育工作开始进入依法行政、依法治体的新阶段。这是新中国体育事业发展的一座里程碑。应该说，《体育法》实施二十余年，取得了非常大的成效，对推动我国体育事业的发展起到了不可估计的重大作用。这方面的总结已有论者详细阐明，❷本书不再赘述。

但《体育法》实施二十多年来，我国的经济社会发生了很大变化，体育事业也取得了很大发展，体育管理体制和体育市场环境也都发生了很大变化。如果不根据现在的发展实际，面向未来的发展方向作出相应的修改，恐怕就难以适应新的情况，也难以跟上时代前进的步伐。

---

❶ 2020 年 12 月 26 日，第十三届全国人民代表大会常务委员会第二十四次会议通过《中华人民共和国刑法修正案》（十一），妨害兴奋剂管理行为正式入刑。根据该修正案："引诱、教唆、欺骗运动员使用兴奋剂参加国内、国际重大体育竞赛，或者明知运动员参加上述竞赛而向其提供兴奋剂，情节严重的，处三年以下有期徒刑或者拘役，并处罚金。""组织、强迫运动员使用兴奋剂参加国内、国际重大体育竞赛的，依照前款的规定从重处罚。"

❷ 于善旭.《中华人民共和国体育法》的颁行成效与完善方策 [J]. 体育科学，2015（9）.

总体说来，1995年颁布的《体育法》，最大不足是内容相对宽泛，缺乏具体要求和实施细则等。例如，没有对公民及其体育权利进行明确地界定和表述，权利保障机制严重缺失；体育纠纷越来越多，但是纠纷解决机制明显缺位；竞技体育和社会体育难有一个准确定位和协调机制；体育事业特别是全民体育事业缺乏充足的资金保障等。对于在体育事业发展过程中出现的这些问题，都亟需通过修改、完善现行的《体育法》来加以解决。

### （二）《体育法》修订之策略选择

事实上，《体育法》（1995年）已经有过两次小型修订。一是根据2009年8月27日第十一届全国人民代表大会常务委员会第十次会议通过的《全国人民代表大会常务委员会关于修改部分法律的决定》，对《体育法》中"明显不适应社会主义市场经济和社会发展要求的规定作出修改"，删去《体育法》第47条❶；二是根据2016年11月7日第十二届全国人民代表大会常务委员会第二十四次会议《关于修改〈中华人民共和国对外贸易法〉等十二部法律的决定》第二次修正，废除《体育法》原规定的体育竞赛纪录审批。接下来的问题是，如何对《体育法》进行一次有些"伤筋动骨"意味的全面修订。

冯玉军教授等对《体育法》的修改提出了几点建议，包括从侧重于行政管理到突出人民体育权利的保护；增加有关职业体育和体育产业化的相关规定；制定社会体育的配套法规；增加有关运动员安全和体育活动安全的法律内容，等等。❷ 于善旭教授提出，首先，要把握体育基本法的性质定位，确立权利本位的立法宗旨，完善规范结构以增强实施效力；其次，要在调整和修改的各方面重点内容中，加大社会体育和学校体育的立法力度，调整体育社团的职权定位，反映体育竞赛训练体制的改革成果，增加

---

❶ 《体育法》原第47条规定："用于全国性、国际性体育竞赛的体育器材和用品，必须经国务院体育行政部门指定的机构审定。"
❷ 冯玉军，季长龙. 论体育权利保护与中国体育法的完善 [J]. 西北师大学报（社会科学版），2005（3）.

体育产业与市场经营的专章内容，健全体育纠纷的解决救济渠道。❶ 马宏俊教授等提出，《体育法》的修订，要树立从行政管理法转变为权利保障法的修法理念，采用修订方式进行修改，明确《体育法》的调整对象，界定主管部门的职责，修订基本原则，完善体育行政执法，调整分则结构，对大众体育、学校体育和竞技体育等方面的概念进行科学规范和梳理，明确社会团体的法律地位，增加体育产业等内容，完善法律责任。❷

在认真研读既有成果的基础上，对《体育法》的修订，笔者试着提出如下几点见解。

第一，树立保障公民体育权利的基本理念。从国外的经验看，美国《业余体育法》，确认了美国业余运动员的部分权利；《法国大众与竞技体育活动的组织和促进法》（1994年9月）第1条规定："每个人，不论其性别、年龄、能力或社会地位，均有权参与体育活动"；《俄罗斯联邦体育运动立法原则》（1993年4月）直接规定公民在体育运动中的权利；《白俄罗斯共和国体育运动法》（1993年6月）第1章就是"公民在体育运动中的权利"，第1至第4条明确规定了"从事体育运动的权利""建立体育联合会、俱乐部和协会的权利""从事职业体育的权利"以及"从事商业、企业经营活动和广告业的权利"；古巴则直接确认"参加体育运动是宪法赋予的权利"❸。

而我国当前的《体育法》总体上看，是一个行政管理法，是一个强调秩序的法，缺少权利理念。❹ 在现代法治国家，权利保障是所有立法的最为原始的目的，公共权力维护的秩序仅仅是实现权利的保障手段。一部法律的基本理念将直接影响其法律规范内容、结构和效力。因此，《体育法》的修改，"应弱化原立法偏重管理效力的行政色彩，进一步以确认和保护

---

❶ 于善旭.《中华人民共和国体育法》修改思路的探讨 [J]. 体育科学, 2006 (8).
❷ 马宏俊，袁钢.《中华人民共和国体育法》修订基本理论研究 [J]. 体育科学, 2015 (10).
❸ 张振龙，于善旭，郭锐. 体育权利的基本问题 [J]. 体育学刊, 2008 (2).
❹ 当然，不单是《体育法》，中国早期的各个领域的立法都大体呈现一种"管制型""秩序倾向"的立法思路。这种状况与法治理念不发达有关系。这些年，随着"权利本位"理念日益深入人心，已经有了很大改观。

公民体育权利为立法宗旨和价值取向，强化权利本位的立法目的，设定相应的授权内容和明示，构建全面的体育权利保护体系"[1]。

第二，增加社会体育和学校体育的条款。在这一点上，笔者同意于善旭教授的观点，即应"加大社会体育和学校体育的立法力度"[2]。现《体育法》的主要内容其实是偏向竞技体育的，而社会体育和学校体育在社会生活中却占据越来越重要的地位，因此有必要从法律规范上对此予以回应。增加学校体育条款的主要内容应该包括：学校体育的重要地位的强调、体育课程在学生学业中地位的强调以及课外体育锻炼时间的保障等；社会体育主要强调政府财政投入的比例、社会各界负有的保障义务以及体育行政部门的监管职责等。明确《体育法》与《全民健身条例》的衔接问题，要明确政府在全民健身中的义务。进一步言之，我国体育类立法均应围绕体育教育、社会体育而非竞技体育为重点展开。有学者主张，在资源配置上，也应该随着我国体育管理体制的转变，从重竞技体育转向于大众体育，即以全民健身事业作为自己的根本目标和价值取向。[3]

第三，完善竞技体育部分内容。例如，明确界定竞技体育运动员的法律身份，明确运动员的权利和义务，保障运动员的运动安全和其他合法权益，规范运动员的选拔、训练和退出机制，规范职业运动员对体育无形资产的商业性使用行为，等等。

第四，建立健全体育纠纷的多元解决机制。《体育法》提出体育仲裁制度建立的目标，但该法实施20多年来，体育仲裁制度并未实质性建立起来。而且，如前所论，根据《立法法》（2015年），原来《体育法》规定的由国务院"另行规定"设置体育仲裁制度是不合法的。因此，有必要在《体育法》中设置专章建立和完善包括体育仲裁在内的体育纠纷处理机制。在这一点上，笔者建议仿照《中华人民共和国劳动法》对劳动纠纷的有关规定处理。即应该原则明确何种纠纷由体育仲裁解决，以及原则规定体育诉讼与体育仲裁之间的关系。总体而言，涉及专业性、技术性规则的纠纷

---

[1] 于善旭.《中华人民共和国体育法》修改思路的探讨[J]. 体育科学，2006（8）.
[2] 张振龙，于善旭，郭锐. 体育权利的基本问题[J]. 体育学刊，2008（2）.
[3] 同[2].

宜由体育仲裁解决，司法最好对其保持最高程度、最大限度的尊重；同时，司法审查也应以用尽体育行业内救济手段为基本原则。也就是说，并非所有体育纠纷都需要仲裁，也不是所有体育纠纷司法不宜审查，而是那些竞技体育内发生的与竞技体育直接相关的纠纷宜由体育仲裁机构仲裁。根本原因在于，司法介入不见得有利于该纠纷的解决。关于仲裁机构的性质，笔者建议建立中国体育仲裁委员会，作为独立的社会机构；在大型体育竞赛期间，还可设立临时仲裁庭。另外，还应对体育仲裁机构的法律性质、管辖事项、仲裁程序和涉外事项等作出原则性规定。

最后，与很多学者观点相反，笔者不主张将体育产业规范写入《体育法》，更不宜单独成章，原因有以下几个。第一，《体育法》的本质内容应与"体育"直接相关，仅与体育"沾边儿"而不属于体育核心内容的东西不宜"硬塞"进体育法文本之中。第二，体育产业本身也是一个难以精确界定的词汇，足球俱乐部比赛当然是体育产业，那么体育服装生产是否属于体育产业？体育赛事的转播是否属于体育产业？等等，有很多问题说不太清楚。既然说不清楚，不如放至将来解决。如果真有需要，可以制定专门的体育产业促进法或体育产业促进条例。第三，从立法内容体系而言，体育产业如果入法，将破坏整部法律的逻辑脉络。

总之，《体育法》的颁布实施堪称我国体育法治的里程碑，对促进和发展我国体育事业，功不可没；但对其进行必要修订，以更好保障公民体育权，亦属势所必然。

## 第三节 公民体育权的行政支持

除了立法机关之外，行政机关也承担将基本权利予以实现的国家保障义务。公民体育权作为受益权，离不开各级政府作用的发挥。在我国，中央人民政府和地方各级人民政府都对体育事业负有职责。根据我国《宪法》第89条第（七）项规定，国务院行使的职权包括："领导和管理教育、科技、文化、卫生、体育和计划生育工作。"另外，《宪法》第107条和第 119 条分别规定了地方各级人民政府和民族自治地方人民政府关于管理本行政区域体育事业的职权。《中华人民共和国地方各级人民代表大会和地方各级人民政府组织法》（2015 年）也规定了县级以上地方各级人民政府对体育事业的管理职权。还有，《体育法》（1995 年）确定了各级人民政府的体育工作主管部门。《全民健身条例》（2009 年）第 4 条第 2 款则规定："地方各级人民政府应当依法保障公民参加全民健身活动的权利。"这就明确了地方各级人民政府对于公民健身权利的保障责任。

根据宪法学和行政法学的基本原理，宪法或者组织法授予国家行政机关的职权，同时也是其职责。职责，就意味着"责无旁贷"；不履行职责，就是失职。因此，宪法上的"行政职权条款"实则是公民体育权利保障的政府义务。❶ 学者郑春燕认为："我国宪法的基本权利功能体系决定了行政中心的权力体制格局。"❷ 换句话说，对体育权的实现而言，至少在中国，或者说，就中国目前而言，应该更加倚重行政机关的积极作为。

## 一、完善体育行政执法监督体系

行政的职能落实主要是通过执行立法方式为之。公民体育权保障理念应贯穿所有行政执法活动及其过程。

### （一）确立公民体育权利保障的执法理念

应该认识到，相比其他权利而言，体育权利本身更容易被忽视，甚至权利主体自身也更容易自我忽视。例如，如果一个人的财产权被剥夺，其可能会强烈抗争，但如果是体育权被忽视，权利主体本身可能会没有明显感觉或者虽然知晓但也选择隐忍。虽然社会对体育权的认识有提高的余地，但重要的是，体育执法部门，主要是体育行政机关，应该树立保障公民体育权利的基本法治理念。只有时刻将这种权利观念和法治理念贯穿到

---

❶ 张震. 宪法上住宅社会权的意义及其实现 [J]. 法学评论, 2015 (1).
❷ 郑春燕. 基本权利的功能体系与行政法治的进路 [J]. 法学研究, 2015 (5).

日常行政执法过程中，才能做到执法时从权利保障出发。如果对公民体育权没有正确的认识，潜意识即认为其可有可无，那么就不会重视宪法赋予各级行政机关实现公民体育权的神圣职责（职责就是义务和职权的复合），也就不会采取有效措施予以落实。因此，将权利保障理念作为体育执法的基本指导思想，这绝非"瓜田窝棚唠闲话"，而是涉及有相当现实针对性的行政执法理念重构。

### （二）加强公民体育权保障的行政立法

如前所述，我国现在体育法律体系中的"法律"实际极为稀少，是行政法规和国务院部门规章更多地在发挥体育事业发展的规范作用。这种情况，特别是从法律规范数量上看，今后只会加强，不会削弱。一方面因为，任何法律都需要落地实施，法律的施行往往需要国务院制定相应的实施条例、规定、办法等行政法规或者体育行政主管机关制定规章、规范性文件具体实施；另一方面因为，在上位法缺位时，行政法规和行政规章也可以在法律允许的情况下，作出某些具体规定，以解由"立法赤字"而生"燃眉之急"。总之，行政机关应该制定行政法规、规章，具体细化公民体育权实现的程序和措施。另外，地方政府也可以有所作为，如《江苏省体育设施向社会开放管理办法》于2016年5月1日起施行，这使该省学校体育设施向社会开放做到了有法可依。

也有学者提出应"出台相关实施细则与配套规定，完善公民体育权利保护网络"。各级政府、体育行政部门把体育工作纳入工作范围。研究制定如城乡公共体育设施规划、场地设施管理等方面的法规制度，作为与保护公民体育权利需要相适应的实施细则和配套规定。[1] 对此建议，笔者表示赞同。

### （三）形成公民体育权保障的执法机制

执法是执行法律（此指广义的法律）、实施法律，因此执法并不等同

---

[1] 陈远军，常乃军. 试论公民体育权利的社会实现 [J]. 体育文化导刊，2006 (12).

于监督、检查;并不是说,有人违法,行政机关处罚违法者才是执法。那至多是一种狭义的执法概念。对于公民体育权的保障而言,亦应强调日常行政执法功能的发挥。

从公民体育权行政保障角度而言,笔者认为,行政执法应该从以下几个方面予以加强。

1. 加强监督,保障学校体育正常开展

有学者指出,在学校体育执法中,存在的问题主要有:学生体育课课堂教学未能得到有效保证;学校体育场地、设施和器材得不到有效配备;学生课外体育活动时间得不到充分保证;学校对体育器材配备问题不够重视等。[1] 从《体育法》(1995年)规定看,体育是学校不可或缺的基础课程,对培养德智体全面发展的社会主义新人具有重要意义;体育课应纳入考核科目中。但从体育课堂教学情况看,相比数学、语文等文化课程,体育课受重视的程度显然远远不及,经常的情况是,其他课程"调整"就把体育课"调没"。体育作为学校眼中的一门"副课",往往是说起来重要,做起来次要。忽视学生的身体锻炼,片面强调文化课程,不仅影响学生体育权利的实现,教育本身的"全面发展"的目标也不可能真正实现。再如,根据《体育法》(1995年)学校应该配备标准的体育运动场地,但受限于各种约束,甚至一些城市小学也没有标准的操场,很多农村学校更是难以完全具备。1982年教育部出台《关于保证中小学生每天有一小时体育活动的通知》,强调课外体育活动的重要性。后来,教育部又印发了《切实保证中小学生每天一小时校园体育活动的规定》,中共中央办公厅、国务院办公厅则发出了《关于加强青少年体育增强青少年体质的意见》,但至今在一些学校,"每天锻炼一小时"的要求仍未完全得到贯彻执行。这不仅是体育行政部门的事情,也是教育行政部门的事情,教育行政部门有责任严格遵照学校体育法律法规的规定,切实按照教育计划、课时、内容

---

[1] 杨万文,李欢. 对我国现行学校体育法律法规体系的探讨 [J]. 武汉体育学院学报, 2013 (9).

和考试要求等组织体育课教学，认真开展体育课外活动、课余体育训练、组织学生参加相应的体育竞赛等活动，切实保证每天1小时的体育活动时间。2016年5月，国务院办公厅印发《关于强化学校体育促进学生身心健康全面发展的意见》。对此，有关行政部门，特别是体育行政部门，应该认真贯彻执行。

另外，加大投入保障开展学校体育教育和体育活动的各种条件。例如，建立体育经费保障机制，明确按学生人头规定最低数额，或明确规定学校经费在体育经费中的最低比例。各级教育行政部门、体育行政部门应将体育场馆建设列入学校发展基本规划和当地公共体育基础设施规划。建立健全各级政府和教育行政部门对学校体育的定期或不定期的检查、评估、考核、督导制度和责任追究制度。❶

### 2. 认真贯彻执行《全民健身条例》

1995年，也就是《体育法》实施的当年，《政府工作报告》就提出："体育工作要坚持群众体育和竞技体育协调发展的方针，把发展群众体育，推行全民健身计划，普遍增强国民体质作为重点。"但多年来，群众体育一直被掩映在竞技体育的光环之下。近些年，随着城乡人民物质生活水平的提高，人民群众对运动和健身的需求日益增加，因此政府应转移管理的视线，给群众体育以更多的关照。例如，虽然，有关法律法规对城乡规划建设时应该预留居民健身需求有明确规定，但事实上，有的地方城乡规划不大顾及此事，甚至既有的体育设施和场所也经常性地被大量侵占或挪用。这就要求体育行政部门加大执法的力度。因为，体育是一项公益事业，公民体育权利的实现将主要依赖政府及相关组织，所以对于政府及相关组织义务性规范不仅不能淡化，反而更应加强。❷当然，体育系统被占场地，体育行政机关没有查处权力。目前，体育行政机关基本是组织体育赛事，没有行政执法权。这个问题需要通过修改

---

❶ 张厚福，钟启宇. 中华人民共和国学校体育法的立法探讨[J]. 武汉体育学院学报，2007（7）.

❷ 陈远军，常乃军. 试论公民体育权利的社会实现[J]. 体育文化导刊，2006（12）.

相关法律综合考虑予以解决。在对群众体育的财政投入方面，可以修改《体育彩票公益金管理暂行办法》，提高群众体育事业经费的占比，同时促进体育投资的多元化。

3. 对体育设施的规划与建设、运动员等级制度的考核与认定、体育特种职业的国家资格等加强监管[1]

政府应依法对体育运动场地设施、器材用品加强监管、对有关赛事的运动员组织、管理、训练、指导等提供必要服务。另外，要对竞技体育进行产业培育，提高其"造血"功能而不能再主要依靠政府资金的输入。还有就是，定期组织或资助相应的体育比赛，维护体育竞赛秩序，满足职业运动员的体育权利。

## 二、提高政府体育公共服务能力

国家治理体系的提出与理念的丰富，要求政府工作的重心由"权力"转向"责任"，政府管理的职能由"管制"转向"服务"。相应地，也应以"服务行政"为目标建立起中国特色社会主义的公共服务型政府。提高体育公共服务能力，当是建设公共服务型政府题中应有之义。

### （一）强化政府提供体育公共服务的职责

首先，鉴于体育具有准公共产品的属性，因此不宜将群众体育完全推向市场。笔者认为，那些主张群众体育市场化的观点不值得赞同。在这一点上，体育和教育具有类似的品质，即都具有准公共产品的属性，完全交给市场是靠不住的。事实上，从经验看，竞技体育现在也受到市场（如赞助商）的严重干扰，部分地丧失了"更快、更高、更强、更团结"的体育

---

[1] 陈华荣，王家宏. 体育的宪法保障：全球成文宪法体育条款的比较研究 [M]. 北京：北京体育大学出版社，2014：155.

精神，而沦为市场的奴隶。足球"黑哨"事件的出现，即可非常清楚地说明体育市场机制也会"失灵"。政府可以采取政策措施鼓励民间资本投入体育产业，但对体育事业部分，完全交给市场，在逻辑上违背经济学常识；在经验上，也有文化、教育、医疗等相关领域改革失败的教训可资引以为戒。总之，在体育事业领域，必须强调的是，政府不能完全"撒手"。

### （二）促进全民体育公共服务的可及性、普惠性

有学者提出，我国体育公共服务供给存在明显的区域不均衡、阶层不均衡、城乡不均衡，造成实际上的公民体育权利不平等。因此，为保障公民享有平等的体育权利，需优化我国体育公共服务供给方式，不断推进体育公共服务均衡发展。❶ 的确，"体育公共服务的均等供给，是公民体育权利平等的根本标志"❷。体育公共服务的供给要具有普遍惠及性，要求体育公共服务在不同区域、不同阶层、城乡之间均等供给，考虑到"权利平等是全体社会成员进入国家社会的逻辑起点"❸，要不断丰富体育公共服务的供给内容、增加体育公共服务投入、扩大体育公共服务供给范围、缩小体育公共服务的供给差距，通过体育公共服务的均等供给促进公民体育权利的实现和完善。具体而言，第一，通过利益补偿，加快农村地区和西部落后地区体育公共服务发展速度；通过体育资源整合，尽可能实现阶层体育公共服务均等供给。第二，以财政体制改革为契机，加大财政转移支付力度，不断提高农村基层政府和西部落后地区各级政府的体育公共服务供给能力。第三，通过体育管理体制改革，建立体育公共服务均等化的公共治理和多元参与机制。第四，确定全国体育公共服务均等化标准，建立多元评估体系。❹

其中，一要切实改变体育公共服务城乡失衡的现状。据有关研究，我国体育场（馆）中有69.4%设在城市市区，有10.4%设在郊区，20.2%

---

❶ 罗攀. 论体育权利与体育公共服务均等化［J］. 西安体育学院学报，2011（4）.
❷ 同❶.
❸ 梅萍. 和谐社会权利平等的伦理思考［J］. 江汉论坛，2008（1）.
❹ 同❶.

设在农村。❶ 当然，实现城乡体育公共服务的均衡发展，并非要求实现不分差别的完全平等，而是要根据城乡人口的比例、城乡对体育公共设施需求的差异以及体育公共设施、体育活动安排在城乡产生的不同效益等因素，统筹考虑。例如，不能要求在城市建设一座体育馆就要相应地在农村地区建设一座体育馆，也不是要求在城市举办一场运动会就要在农村地区举办一场运动会，如此简单地类比是没有意义的。但是，应该强调的是，对农村地区的基本的公共体育服务应予保障。也就是说，农村地区公民的基本体育权利应予尊重和促进其实现。这就如同城市中的盲道，就使用效益来说，可能利用率真的不高，但这是对眼障残疾人基本权利的保障，不能简单地以其使用的经济效益高低决定去留。二要对不同区域之间体育公共服务进行平衡。在我国，由于地域极为辽阔，从全国范围看，不同地区之间的体育公务服务水平存在巨大差异。例如，第五次全国体育场地普查数据表明，上海共有各类体育场馆 14425 个，全市体育场地面积 1926 万平方米，人均体育场地面积达 1.82 平方米。而贵州省体育场地总数为 21531 个，人均体育场地面积 0.41 平方米，远低于全国人均 1.03 平方米的平均水平。❷ 解决这个问题，要中央政府采取转移支付等宏观调控手段。同样地，实现区域之间体育公共服务的均衡，也并非实现完全平等，甚至也不是按照人口实现所谓"比例平等"。还是那句话，要根据各种因素，综合评判。

## 三、加大体育事业发展财税支持力度

《经济、社会及文化权利国际公约》第 2 条规定了国家保护公民体育权的一般法律义务。根据这一规定，缔约国有义务采取步骤逐步实现经济、社会和文化权利。"一个国家社会经济文化发展水平和社会制度的文

---

❶ 王燕桐. 论我国竞技体育与群众体育的和谐发展 [D]. 武汉：华中师范大学，2006.
❷ 马宏俊. 政府体育公共服务体系法律规制研究 [J]. 体育科学，2013（1）.

明程度，制约着人权的产生和发展水平。"❶ 作为社会权的体育权，正如有学者提出的那样，其实现具有一定的特殊性。公民体育权与其他社会权一样，它对国家具有经济依赖性。它的实现需要国家经费支持，需要国家对特定体育项目进行拨款，或者采取其他特定措施促进始能实现。❷ 例如，体育活动的开展通常需要专门的场地、专门的器材、专业人员的指导和配合、甚至是有关部门的组织与协调，而这些条件往往是仅凭个人力量无法达到的。特别来说，体育权利作为一种积极权利，它的实现往往需要国家提供一定的物质保障为前提。没有国家财政资金的适当投入，公民体育权是不可能真正实现的。

财政支持，既可以是直接的财政拨款，也可以是间接的税费豁免。这方面，《乌拉圭东岸共和国宪法》和《危地马拉共和国宪法》都有明确规定。我国有些地方也在财政支持方面做了有益尝试，如苏州市推行的阳光健身卡，是由苏州市政府直接在公民个人账户中加入一定的金额，这些资金可以在指定的健身场所进行体育消费，但是不得提现。❸ 另外，我国还可以结合体育彩票基金制度，尝试探索建立国家体育基金，资金来源可以是政府拨款、企业、社会组织和个人的捐赠，尤其要鼓励社会组织或个人支持体育以及对支持体育事业进行捐赠，对体育赞助、捐赠实行税收减免，并探索信托等各种基金运作模式。❹

## 第四节　公民体育权的司法救济

"司法是人权保护的最后一道防线。"❺ "权利的特性决定了任何权利欲

---

❶ 广州大学人权理论研究课题组. 中国特色社会主义人权理论体系论纲［J］. 法学研究，2015（2）.
❷ 王岩芳，高晓春. 论体育权利的内涵及实现［J］. 武汉体育学院学报，2006（4）.
❸ 陈华荣，王家宏. 体育的宪法保障：全球成文宪法体育条款的比较研究［M］. 北京：北京体育大学出版社，2014：190.
❹ 姜熙. 澳大利亚体育法及其对我国《体育法》修改的启示［J］. 武汉体育学院学报，2014（10）.
❺ 同❶.

从形式化的法条走向实际生活,都需要司法救济。"[1] 公民体育权亦不例外。当公民的体育权利受到侵害时,就要求有多元化的纠纷解决机制对公民体育权利进行救济。但是,与划入社会权范畴的其他受益性权利相似,对于宪法层面体育权也存在是否具备可司法性的争论。一些学者认为,对于社会权,由于法院不具有可行的司法能力、民主责任以及权力分立理念的限制,这类权利不具有可司法性。[2] 就此问题,笔者试着谈谈自己的看法。

## 一、公民体育权是否具有可司法性[3]

对于公民体育权,传统的认识是,由于其内容抽象,欠缺明确性,因此缺乏"法规范效力",法院一般无法强制执行,仅在立法怠惰之时,依照权力分立原则,通过选举或者罢免手段进行政治控制。也就是说,公民体育权缺乏自由权那种司法实施品质。[4] 确实,即使国际人权文件中承认包括公民体育权在内的社会权,一般而言,也不会赋予其与自由权同等法律地位,不给予这类权利完全的"法"与规范属性,不赋予其司法救济的可能通路。[5] 但是,人们越来越认识到,"公民的自由权与社会权相互关联、互相支撑,无法截然区分开来。自由权的行使依赖于社会权的实现"[6]。因此,社会权的司法品格正在不断地被"挖掘"。

德国宪法法院在提醒立法机关为建立一个公正的社会秩序满足社会经

---

[1] 郑贤君. 社会基本权理论 [M]. 北京:中国政法大学出版社,2011:270.
[2] SUNSTEIN C R, The seecod bill of right: FDR, s unifinished revolution and why need It more than ever [M]. New York: Bacsic Books, 2004:175-176;高秦伟. 论作为社会权的健康照护权 [J]. 江汉论坛,2015(8).
[3] 需要说明的是,本款讨论的是,在有宪法诉讼的国家,公民可否以体育权被侵害为由,向法院提起诉讼的问题,不是宽泛地讨论体育纠纷的可诉性问题。虽然二者具有牵连性,但问题的着眼点及意蕴都有很大不同。一部分体育纠纷当然具有可诉性,但并不是所有的体育权纠纷都可提起宪法诉讼。
[4] 郑贤君. 社会基本权理论 [M]. 北京:中国政法大学出版社,2011:101.
[5] 同[4]132.
[6] 高秦伟. 论作为社会权的健康照护权 [J]. 江汉论坛,2015(8).

济福利义务方面扮演了积极角色；南非宪法法院也谈到，国家的功能不仅是保护个人权利，同样有义务积极促进社会和共同体教育的进步。❶ 越来越多的学者主张，"法院须以发展的法理看待社会权利的法规范属性，确认这类权利不同于自由权的规范内涵，通过对立法和行政机关发布指令，将社会权利体现在司法实施过程中，实现宪法政治"，于是发展出公民体育权司法保护的所谓"能动主义"。郑贤君教授总结了不同国家和地区法院在实务上扩大对社会权利司法保护的一些具体做法，包括以下几个方面。❷ ①集体申诉制度。这是《欧洲社会宪章》修正案规定的一种制度，其内容是就该宪章规定的某些权利进行申诉以谋求司法救济；②对自由权进行社会性解释延伸司法保护的范围，欧洲人权法院通过一系列判例，对《欧洲人权公约》所保护的权利做进一步的经济、社会性延伸性扩大解释，为保护社会权利作出更实质性的确认；③通过肯定性救济给予社会权利事实上的司法保护。实践中，美国法院往往通过《美利坚合众国宪法》第14条修正案中的"平等保护"条款对社会权利进行司法救济；④通过公益诉讼使社会权利成为司法上的可诉权利。在这方面，印度最高法院表现较为抢眼。它通过扩大原告主体资格，使那些非涉及个人实际权利的团体和个人也可以提起诉讼；同时扩大保护的范围，使得公共利益受损时团体或个人也可以通过诉讼途径寻求救济。

其实，包括体育权在内的社会权的可司法性问题是与宪法权利是否具备"主观权利"功能牵连在一起的。一般宪法理论认为，宪法权利宣示的国家目标，赋予立法者极大的"形成自由"，个人并无直接请求权。往往是，如果一项权利，它不具备或者不太具备"主观权利"（即可作为向法院提起诉讼的法律上"请求权"依据）时，该项权利一般被认为就不具有可司法性或者缺少可司法性。也因此，解决该种权利保障问题的钥匙往往就在法庭之外。在中国，也有学者指出，尤其应该注意，不应走入基本权利保障的司法中心主义的误区之中。由于宪法审查不是中国宪法实施的主

---

❶ 郑贤君. 社会基本权理论［M］. 北京：中国政法大学出版社，2011：105–112.
❷ 同❶104.

要制度，故此以宪法审查制度为前提的基本权利释义学无法契合中国的制度现实。❶ 实际就是说，公民体育权是否具备可司法性，并不那么重要。重要的是，能够找到适当的路径对公民体育权予以实际保障。这也促使我们思考，是否必须仿照自由权那样，探求公民体育权的司法保护问题，是否有另外的路径更有利于或者说更适合于公民体育权的保障？姜峰教授也指出，对社会权的保护，求诸司法路径，未必就是上策，将其实现交给日常的政治过程处理，可能更为适当。❷ 笔者非常赞同这种观点。我们与其费时费力去讨论公民体育权是否具备宪法诉讼的可司法性，不如聚焦中国现下的政制现实，大胆地进行理论创新，或有机会发现比宪法诉讼可能更好，也更现实地保障公民体育权的路径。

## 二、作为分享权的公民体育权的司法救济

如前所述，作为社会权的公民体育权，其主要是一种分享权，而不是防御权。在此前提下，笔者认为，侵害作为分享权的公民体育权的最有可能是行政主体（行政机关及法律、法规、规章授权的组织），因为即使有其他公民、法人或者其他组织侵犯作为分享权的体育权，受害人也可以请求行政机关给予保护，如果行政机关不予保护则可能是行政不作为。因此，这时我们有可能把视线从宪法层面转向行政法层面，公民体育权的司法救济问题可能有机会由宪法诉讼转型为行政诉讼。

《中华人民共和国行政诉讼法》（2017 年）第 12 条采取例举加概括的方式，较为详细地规定了人民法院行政案件的受理范围。其中，第 1 款第（十二）项规定："认为行政机关侵犯其他人身权、财产权等合法权益的"，可以向人民法院提起行政诉讼。笔者认为，在理论上，作为分享权的体育权属于该项规定的"合法权益"。同时，该法条第 2 款还规定："除前款规定外，人民法院受理法律、法规规定可以提起诉讼的其他行政案件。"因

---

❶ 翟国强. 基本权利释义学的困境与出路 [J]. 当代法学，2015 (6).

❷ 姜峰. 立宪主义与政治民主：宪法前沿十二讲 [M]. 武汉：华中科技大学出版社，2013：191.

此，完全可以通过《体育法》及其相关法律或者行政法规或者地方性法规，将体育权纳入行政诉讼受案范围中来。另外，该法条第1款第（六）项规定，"申请行政机关履行保护人身权、财产权等合法权益的法定职责，行政机关拒绝履行或者不予答复的"，也属于人民法院的受案范围，即不作为行政诉讼。因此，如果公民体育权遭受其他公民、法人或者其他组织侵害时，首先可向有关行政机关请求救济，如果有关行政机关不作为，则可依据该项规定向人民法院提起行政诉讼。

总之，没有宪法诉讼，是否谈论宪法权利就没有实际意义？不是。我国行宪的经验总体而言是通过立法和行政的，而非司法中心主义的。因此，并不是说，只有建立了宪法权利的诉讼制度，才可以谈论公民体育权的司法救济问题。对体育权而言，如果我们把它定位为一项分享权，那么完全可以通过行政诉讼予以保护。

# 第五章 结 论

最后，根据本书的主要内容，形成如下四点结论。

第一，法国历史学家基佐曾经说过："一般政府，不论是宗教的还是世俗的政府，其价值全在于这两个条件，即一个形成和组织权力机构的良好制度和一个良好的自由保证制度。一切政府都应按此原则来判断其合法性。"❶ 依据现代法治原理，国家存在的正当性即在于保障公民权利。公民权利即国家存在的目的。公民体育权的核心内涵是指，公民所（应）享有的、为国家所（应）保障的接受体育教育、从事体育运动、参加体育竞赛的权利。这一定义表明，对公民体育权，国家是担负着宪法义务的。

第二，人权概念的产生本身即来自人对自身生存的尊严意识的觉醒和人道理念的形成。❷ 权利不是从来就有的，而是社会发展到一定历史阶段的产物。同时，权利目录也是随着社会发展而不断变化的。"人权史既不是从基本权利的宣言开始，也不是以这些宣言而终结。"❸ 权利源于人的需要，源于人们对某种利益的需要。体育权利也是如此，一定是人们觉得体育在日常生活中变得"重要"，才有将参加体育运动的资格列入权利清单的需要；只有人们觉得体育在日常生活中变得"非常重要"，才有将参加体育运动的资格列入宪法权利清单的需要。"在人身上，自我保存可分为纯粹生存和有价值生活。"❹ 公民体育权的提出，是人们追求"有价值生

---

❶ 基佐. 欧洲文明史［M］. 程洪逵，沅芷，译. 北京：商务印书馆，2005，97.
❷ 王涌涛，刘苏. 论公民体育权利的法律保障［J］. 首都体育学院学报，2008（3）.
❸ 赫费. 政治的正义性［M］. 庞学铨，李张林，译. 上海：上海译文出版社，1998：402.
❹ 同❸14.

活"的新需求，是人权谱系的新拓展，同时也是宪法规范内容的新实践。理论上，或许对体育权是否有资格成为公民宪法权利、进入宪法文本有各种争议，但承载生活逻辑的实践却告诉蹩脚的理论家，体育权对公民实现自身全面发展是有重要意义的。从历史发展而言，公民体育权具有鲜明的现代特征，是国家干预体育事业的伴生物，体现了社会的进步和时代的发展。"公民体育权利从逐渐提出、日益明确到纳入法制运行的实践领域，始终伴随着现代社会与现代法治的前进步伐，是时代进步与发展的必然产物。"❶

第三，虽然《宪法》在"公民的基本权利和义务"一章中没有明确列举公民体育权，但从宪法解释学上讲，可以作为体育权依据的有《宪法》第1条关于"社会主义制度"的规定、第21条第2款关于"国家发展体育事业，开展群众性的体育活动，增强人民体质"的规定、第33条第3款关于"国家尊重和保障人权"的规定以及第89条第（七）项、第107条第1款规定的中央人民政府和地方各级人民政府职权的规定。

第四，尽管公民体育权具有自由权和社会权两个面向，但主要还是一项社会权。因此，其保障体系的构建就要以社会权面向作为制度建构的基点。公民体育权的实现尤其需要落实国家保障义务。作为宪法权利，首先它要求立法机关积极立法，以保护公民体育权免受侵犯，但行政机关和司法机关在执行法律和解释适用法律时，也必须考虑公民体育权的基本权利属性。因此，从保障体系而言，包括公民体育权的在宪法中的明确列举以及公民体育权的立法、行政和司法保障。

---

❶ 于善旭. 论公民体育权利的时代内涵 [J]. 北京体育大学学报, 1998 (4).

# 参考文献

[1] 中共中央马克思恩格斯列宁斯大林著作编译局. 马克思恩格斯全集（第 17 卷）[M]. 北京：人民出版社，1995.

[2] 姜士林. 世界宪法全书 [M]. 青岛：青岛出版社，1997.

[3] 孙谦，韩大元. 世界各国宪法 [M]. 北京：中国检察出版社，2012.

[4] 中国社会科学院语言研究所词典编辑室. 现代汉语词典 [M]. 第 3 版. 北京：商务印书馆.

[5] 陈慈阳. 行政法总论：基本原理、行政程序及行政行为 [M]. 台北：台湾地区翰芦图书出版有限公司，2005.

[6] 陈华荣，王家宏. 体育的宪法保障：全球成文宪法体育条款的比较研究 [M]. 北京：北京体育大学出版社，2014.

[7] 陈征. 国家权力与公民权利的宪法界限 [M]. 北京：清华大学出版社，2015.

[8] 陈新民. 公法学札记 [M]. 北京：中国政法大学出版社，2001.

[9] 陈新民. 宪法学释论 [M]. 台北：三民书局，2018.

[10] 陈新民. 行政法学总论 [M]. 台北：三民书局股份有限公司，2015.

[11] 陈新民. 德国公法学基础理论（上册）[M]. 济南：山东人民出版社，2001.

[12] 陈新民. 法治国公法学原理与实践（中）[M]. 北京：中国政法大学出版社，2007.

[13] 范杨. 行政法总论 [M]. 北京：中国方正出版社，2005.

[14] 龚祥瑞. 比较宪法与行政法 [M]. 第2版. 北京：法律出版社.

[15] 韩大元, 林来梵, 郑贤君. 宪法学专题研究 [M]. 北京：中国人民大学出版社, 2004.

[16] 韩大元, 王建学. 基本权利与宪法判例 [M]. 北京：中国人民大学出版社, 2013.

[17] 黄越钦. 劳动法新论 [M]. 北京：中国政法大学出版社, 2003.

[18] 姜峰. 立宪主义与政治民主：宪法前沿十二讲 [M]. 武汉：华中科技大学出版社, 2013.

[19] 焦洪昌. 宪法学 [M]. 第2版. 北京：中国人民大学出版社, 2014.

[20] 李建良. 人权理念与宪法秩序：宪法学思维方法绪论 [M]. 台北：新学林出版有限公司, 2018.

[21] 李建良. 宪法理论与实践（一）[M]. 台北：学林文化事业有限公司, 2003.

[22] 李震山. 多元、宽容与人权保障：以宪法未列举权之保障为中心 [M]. 台北：元照出版公司, 2005.

[23] 林来梵. 从宪法规范到规范宪法：规范宪法学的一种前言 [M]. 北京：法律出版社, 2001.

[24] 林来梵. 宪法学讲义 [M]. 北京：法律出版社, 2011.

[25] 柳砚涛. 行政给付研究 [M]. 北京：山东人民出版社, 2006.

[26] 莫纪宏. 实践中的宪法学原理 [M]. 北京：中国人民大学出版社, 2007.

[27] 倪洪涛. 大学生学习权及其救济研究：以大学和学生的关系为中心 [M]. 北京：法律出版社, 2010.

[28] 汤卫东. 体育法学 [M]. 北京：南京师范大学出版社, 2007.

[29] 体育概论教材编写组. 体育概论 [M]. 北京：高等教育出版社, 2003.

[30] 童之伟. 法权与宪政 [M]. 北京：山东人民出版社, 2001.

[31] 屠振宇. 宪法隐私权研究：项未列举基本权利的理论论证 [M]. 北

京：法律出版社，2008.

[32] 谢晖. 法律方法论：文化、社会、规范 [M]. 北京：法律出版社，2020.

[33] 谢维和. 教育活动的社会学分析：一种教育社会学的研究 [M]. 第2版. 北京：教育科学出版社，2007.

[34] 徐显明. 人权法原理 [M]. 北京：中国政法大学出版社，2008.

[35] 徐秀义，韩大元. 现代宪法学基本原理 [M]. 北京：中国人民公安大学出版社，2001.

[36] 许崇德. 宪法 [M]. 第5版. 北京：中国人民大学出版社，2014.

[37] 许育典. 教育行政法 [M]. 台北：台湾地区元照出版有限公司，2018.

[38] 艺衡，任珺，杨立青. 文化权利：回溯与解读 [M]. 北京：社会科学文献出版社，2005.

[39] 张楚廷. 体育与人 [M]. 北京：西南师范大学出版社，2014.

[40] 张厚福. 体育法理 [M]. 北京：人民体育出版社，2001.

[41] 张厚福，罗嘉司. 体育法学概要 [M]. 北京：人民体育出版社1998.

[42] 张文显. 法理学 [M]. 第4版. 北京：高等教育出版社，2011.

[43] 张文显. 法哲学范畴研究 [M]. 修订版. 北京：中国政法大学出版社，2001.

[44] 张翔. 基本权利的规范建构 [M]. 北京：高等教育出版社，2008.

[45] 张震. 1982年宪法与人权保障 [M]. 北京：法律出版社，2012.

[46] 张知本. 宪法论 [M]. 殷啸虎，李莉，勘校. 北京：中国方正出版社，2004.

[47] 章剑生. 现代行政法基本理论（上卷）[M]. 北京：法律出版社，2014.

[48] 钟薇. 体育法热点问题研究 [M]. 北京：知识产权出版社，2013.

[49] 郑贤君. 社会基本权理论 [M]. 北京：中国政法大学出版社，2011.

［50］常乃军，陈远军. 公民体育权利本质探析［J］. 体育学刊，2008（12）.

［51］陈国栋. 作为社会权的受教育权：以高等教育领域为论域［J］. 苏州大学学报（哲学社会科学版）2015（3）.

［52］陈国栋. 行政许可创制了名为信赖利益的新型权利吗？［J］. 求是学刊，2020（5）.

［53］陈玉山. 论国家根本任务的宪法地位［J］. 清华法学，2012（5）.

［54］陈远军，常乃军. 试论公民体育权利的社会实现［J］. 体育文化导刊，2006（12）.

［55］陈华荣. 我国体育权利概念认识：困境与发展［J］. 天津体育学院学报，2009（6）.

［56］陈孝平. 论东西方大众体育发展的共同点及发展趋势［J］. 解放军体育学院学报，1996（3－4）.

［57］邓炜辉. 论社会权的国家保护义务：起源、体系结构及类型化［J］. 法商研究，2015（5）.

［58］方新军. 权利概念的历史［J］. 法学研究，2007（4）.

［59］冯玉军，季长龙. 论体育权利保护与中国体育法的完善［J］. 西北师大学报（社会科学版），2005（3）.

［60］高秦伟. 论作为社会权的健康照护权［J］. 江汉论坛，2015（8）.

［61］高雪峰. 论竞技体育功能多元化与政府之间的关系［J］. 武汉体育学院学报，2004（2）.

［62］龚向和，刘耀辉. 基本权利的国家义务体系［J］. 云南师范大学学报（哲学社会科学版）2010（1）.

［63］广州大学人权理论研究课题组. 中国特色社会主义人权理论体系论纲［J］. 法学研究，2015（2）.

［64］韩大元. 中国宪法学研究三十年（1985—2015）［J］. 法制与社会发展，2016（1）.

［65］韩新君. 对构建运动员权利保障体系的研究［J］. 广州体育学院学报，2005（6）.

［66］黄世席. 国际体育运动中的人权问题研究［J］. 天津体育学院学报, 2003（3）.

［67］黄世席, 陈华栋. 日本体育法及其对我国相关体育立法的借鉴［J］. 体育与科学, 2006（2）.

［68］黄鑫. 作为基本权利的体育权及其双重性质［J］. 体育学刊, 2016（2）.

［69］江必新, 邵长茂. 共享权、给付行政程序与行政法的变革［J］. 行政法学研究, 2009（4）.

［70］姜世波. 论体育权作为一种新型人权［J］. 武汉体育学院学报, 2018（4）.

［71］姜熙. 澳大利亚体育法及其对我国《体育法》修改的启示［J］. 武汉体育学院学报, 2014（10）.

［72］蒋银华. 论国家义务概念之确立与发展［J］. 河北法学, 2012（6）.

［73］焦宏昌, 张鹏. 论健康权的功能与国家义务［M］//许崇德, 韩大元. 中国宪法年刊（2008年卷）. 北京：法律出版社, 2009.

［74］蓝寿荣. 休息何以成为权利：劳动者休息权的属性与价值探析［J］. 法学评论, 2014（4）.

［75］李雷. 宪法学视域下对体育权法律性质的再思考［J］. 北京体育大学学报, 2019（12）.

［76］李忠夏. 基本权利的社会功能［J］. 法学家, 2014（5）.

［77］梁洪霞. 发展权权利属性的宪法解读：以宪法文本为视角［J］. 人权, 2015（4）.

［78］刘东亮, 郑东燕. 宪法基本国策研究［J］. 西南政法大学学报, 2000（1）.

［79］刘磊蠡. 论建立中国群众体育法律体系［J］. 体育学刊, 1996（3）.

［80］刘永风, 何金, 汤卫东. 论残疾人体育权利的发展与保障［J］. 山东体育学院学报, 2008（12）.

［81］刘玉, 田雨普. 社会学视野中的农民工体育权利缺失研究［J］. 天津体育学院学报, 2009（1）.

[82] 罗攀. 论体育权利与体育公共服务均等化 [J]. 西安体育学院学报, 2011 (4).

[83] 罗英. 全面深化改革背景下共享权之定位 [J]. 求索, 2014 (6).

[84] 罗英. 基于共享权的共治型社会管理研究 [J]. 法学论坛, 2013 (1).

[85] 马宏俊. 政府体育公共服务体系法律规制研究 [J]. 体育科学, 2013 (1).

[86] 马宏俊, 袁钢.《中华人民共和国体育法》修订基本理论研究 [J]. 体育科学, 2015 (10).

[87] 梅萍. 和谐社会权利平等的伦理思考 [J]. 江汉论坛, 2008 (1).

[88] 宁雷. 论学生体育权利 [D]. 北京: 北京体育大学, 2016.

[89] 潘昀. 论宪法上的"社会主义市场经济": 围绕宪法文本的规范分析 [J]. 政治与法律, 2015 (5).

[90] 任喜荣. 理解宪法基本价值的五个维度: 重塑依宪治国的观念基础 [J]. 吉林大学社会科学学报, 2015 (2).

[91] 任喜荣. 中国特色社会主义宪法理论研究 [J]. 当代法学, 2012 (6).

[92] 上官丕亮, 孟凡壮. 文化权的宪法解读 [J]. 学习与探索, 2012 (1).

[93] 宋军生. 大学生体育权利的研究 [J]. 体育科学, 2007 (6).

[94] 孙凌. 论住宅权在我国宪法规范上的证立: 以未列举宪法权利证立的论据、规范与方法为思路 [J]. 法制与社会发展, 2009 (5).

[95] 谭安奎. 福利权与西方现代秩序的脆弱性 [J]. 南方周末, 2015-06-04 (C20).

[96] 谭华. 试论体育的权利和义务 [J]. 成都体育学院学报, 1984 (3).

[97] 谭小勇. 国际人权视野下我国公民体育权利的法学诠释 [J]. 体育与科学, 2008 (5).

[98] 童宪明. 体育权利特点与构成要素研究 [J]. 体育文化导刊, 2007 (2).

[99] 万艺.《体育法》总则修改之可行路径：以"体育权"为分析视角的考察 [J]. 北京体育大学学报，2021 (2).

[100] 王广辉. 论宪法未列举权利 [J]. 法商研究，2007 (5).

[101] 王贵松. 行政活动法律保留的结构变迁 [J]. 中国法学，2021 (1).

[102] 王士如. 宪法的政治形式：权力制约与人权保障 [J]. 上海财经大学学报，2002 (3).

[103] 王新生. 略论社会权的国家义务及其发展趋势 [J]. 法学评论，2012 (6).

[104] 王岩芳，高晓春. 体育权利本质探析 [J]. 浙江体育科学，2006 (3).

[105] 王岩芳，高晓春. 论体育权利的内涵及实现 [J]. 武汉体育学院学报，2006 (4).

[106] 王燕桐. 论我国竞技体育与群众体育的和谐发展 [D]. 武汉：华中师范大学，2006.

[107] 王湧涛，刘苏. 论公民体育权利的法律保障 [J]. 首都体育学院学报，2008 (3).

[108] 魏治勋. 全面有效实施宪法须加快基本权利立法 [J]. 法学，2014 (8).

[109] 吴亮.《体育法》立法语言缺陷及完善 [J]. 天津体育学院学报，2013 (4).

[110] 谢立斌. 宪法社会权的体系性保障：以中德比较为视角 [J]. 浙江社会科学，2014 (5).

[111] 徐翔. 体育权：一项新兴人权的衍生与发展 [J]. 体育学刊，2020 (4).

[112] 杨万文，李欢. 对我国现行学校体育法律法规体系的探讨 [J]. 武汉体育学院学报，2013 (9).

[113] 于善旭. 论公民的体育权利 [J]. 体育科学，1993 (6).

[114] 于善旭. 再论公民的体育权利 [J]. 体育文史，1998 (1-2).

[115] 于善旭. 论公民体育权利的时代内涵 [J]. 北京体育大学学报, 1998 (4).

[116] 于善旭.《中华人民共和国体育法》的颁行成效与完善方策 [J]. 体育科学, 2015 (9).

[117] 于善旭.《中华人民共和国体育法》修改思路的探讨 [J]. 体育科学, 2006 (8).

[118] 于善旭, 张剑, 陈岩. 建立以《体育法》为核心的我国体育法规体系的框架构想 [J]. 中国体育科技, 1999 (1).

[119] 岳爱萍. 论我国公民体育权利的实现 [J]. 体育文化导刊, 2006 (7).

[120] 翟国强. 基本权利释义学的困境与出路 [J]. 当代法学, 2015 (6).

[121] 张厚福, 钟启宇.《中华人民共和国学校体育法》的立法探讨 [J]. 武汉体育学院学报, 2007 (7).

[122] 张杰. 公民体育权利的内涵与法律地位 [J]. 体育学刊, 2006 (5).

[123] 张清, 顾伟. 居民自治权论要 [J]. 南京大学法律评论, 2013 (2).

[124] 张慰. "文化国"的秩序理念和体系：以国家目标条款带动的整合视角 [J]. 南京大学法律评论, 2015 (春季卷).

[125] 张修昌. 新时代公民体育权分配与获得感的生成逻辑 [J]. 体育与科学, 2021 (2).

[126] 张震. 宪法上住宅社会权的意义及其实现 [J]. 法学评论, 2015 (1).

[127] 张震. 社会权国家义务的实践维度：以公租房制度为例 [J]. 当代法学, 2014 (3).

[128] 张振龙, 于善旭, 郭锐. 体育权利的基本问题 [J]. 体育学刊, 2008 (2).

[129] 张翔. 宪法学为什么要以文本为中心 [J]. 浙江学刊, 2006 (3).

[130] 赵宏. 社会国与公民的社会基本权: 基本权利在社会国下的拓展与限定 [J]. 比较法研究, 2010 (5).

[131] 郑春燕. 基本权利的功能体系与行政法治的进路 [J]. 法学研究, 2015 (5).

[132] 郑贤君. 方法论与宪法学的中国化 [J]. 当代法学, 2015 (1).

[133] 朱健. 学校现行体育法律法规的体系构建探究 [J]. 西安体育学校学报, 2016 (2).

[134] 奥特弗利德·赫费. 政治的正义性 [M]. 庞学铨, 李张林, 译. 上海: 上海译文出版社, 1998.

[135] 迪特儿·格林. 现代宪法的诞生、运作和前景 [M]. 刘刚, 译. 北京: 法律出版社, 2010.

[136] 康德. 法的形而上学原理: 权利科学 [M]. 沈叔平, 译. 北京: 商务印书馆, 1991.

[137] 康拉德·黑塞. 联邦德国宪法纲要 [M]. 李辉, 译. 北京: 商务印书馆, 2007.

[138] 威廉·冯·洪堡. 论国家的作用 [M]. 林荣远, 冯兴元, 译. 北京: 中国社会科学出版社, 1998.

[139] 艾伯哈特·艾亨霍夫. 德国社会法 [M]. 李玉君, 等译. 台北: 台湾地区新学林出版股份有限公司, 2019.

[140] 基佐. 欧洲文明史 [M]. 程洪逵, 沅芷, 译. 北京: 商务印书馆, 2005.

[141] 莱昂·狄骥. 宪法学教程 [M]. 王文利, 等译. 沈阳: 春风文艺出版社, 1999.

[142] 莱昂·狄骥. 公法的变迁 [M]. 郑戈, 译. 沈阳: 春风文艺出版社, 1999.

[143] 莫里斯·奥里乌. 行政法与公法精要 (上册) [M]. 龚觅, 等译. 北京: 春风文艺出版社, 1999.

[144] 亨克·范·马尔塞文, 格尔·范·德·唐. 成文宪法: 通过计算机进行的比较研究 [M]. 陈云生, 译. 北京: 北京大学出版

社，2007.

[145] 亚里士多德. 政治学［M］. 吴寿彭，译. 北京：商务印书馆，1965.

[146] 杰克·唐纳利. 普遍人权的理论与实践［M］. 王浦劬，等译. 北京：中国社会科学出版社，2001.

[147] 约拉姆·巴泽尔. 国家理论——经济权利、法律权利与国家范围［M］. 钱勇，曾咏梅，译. 上海：上海财经大学出版社，2006.

[148] 凯斯·R. 桑斯坦. 罗斯福宪法——第二权利法案的历史与未来［M］. 毕竞悦，高瞰，译. 北京：中国政法大学出版社，2016.

[149] 杰瑞·L. 马肖. 行政国的正当程序［M］. 沈岿，译. 北京：高等教育出版社，2005.

[150] 托马斯·潘恩. 潘恩选集［M］. 马清槐，等译. 北京：商务印书馆，1981.

[151] 大须贺明. 生存权论［M］. 林浩，译. 北京：法律出版社，2001.

[152] 大沼保昭. 人权、国家与文明：从普遍主义的人权观到文明兼容的人权观［M］. 王志安，译. 北京：生活·读书·新知三联书店，2003.

[153] 芦部信喜. 宪法［M］. 林来梵，等译. 北京：北京大学出版社，2006.

[154] 米歇尔·贝洛夫等. 体育法［M］. 郭树理，译. 武汉：武汉大学出版社，2008.

[155] 威廉·韦德. 行政法［M］. 徐炳，等译. 北京：中国大百科全书出版社，1997.

[156] 拉尔夫·达仁道夫. 现代社会冲突［M］. 林荣远，译. 北京：中国社会科学出版社，2000.

[157] 卡罗尔·哈洛，理查德·罗林斯. 法律与行政（上卷）［M］. 杨伟东，等译. 北京：商务印书馆，2004.

[158] MAURIZI A. Occupation licensing and the public interest［J］. The journal of political economy，1974，82（2）.

[159] PIPER D I, WEINERT K. Is there a "Right" to sport? [J]. Sports law journal, 2014.

[160] IRELANDPIPER D. Development through sport: fans and critics. [J]. Sports law journal, 2013, 19 (2): 238-247.

[161] MARGARITIS K. Constitutional dimensions of sport in greece [J]. Sports law journal, 2015.

# 附　录

## 章程中的体育协会——三十部单项体育协会章程文本的实证分析[*]

高景芳，甄奇颖

## 引　言

作为社会组织重要形式的各单项体育协会，是我国国家体育治理的重要主体和依托，是国家治理体系和治理能力现代化的重要组成部分。而章程既是各体育协会据以组建、存在和运行的根本依据，也是贯彻设立宗旨、达成设目的、开展内部自治活动的"宪法"，还是连接国家法律法规和协会内部规范之间的桥梁，在体育协会治理中具有举足轻重的作用。可以说，"无章程即无体育协会。"

近年来，学术界在体育协会章程研究方面有了一些文献积累，如谷祥润等从软法视角对体育协会章程有关问题进行了探讨；[❶] 严红、刘家库以

---

[*] 本文原载于田思源. 体育法前沿（第2卷）[M]. 北京：中国政法大学出版社，2017：37-59. 感谢清华大学法学院博士生导师田思源教授对原稿提出的宝贵修改意见。本文第二作者系笔者当时指导的法律硕士研究生。

[❶] 谷祥润，王涛，赵鲁南. 软法视阈下我国体育行业协会章程的研究[J]. 首都体育学院学报，2016（3）.

足球协会章程为例，研究了体育协会章程在解决体育纠纷中的作用。[1] 但总体而言，体育协会章程尚未获得与其应有价值和意义相称的重视与关照。这不仅表现在研究成果总体稀少、讨论议题较为狭窄等方面，还表现在研究方法也较显老套，特别是缺少对章程文本细节的关注。

本书选取三十部单项体育协会章程为样本，针对各部章程在法律定位、与国家公共权力之间的关系、内部治理结构等方面进行文本分析，试图描绘体育协会的"群体画像"，并力图透过"群体画像"发现"个体画像"。虽然可能存在某部章程"名实不符"的情形，但通过寻找蕴藏在三十部章程文本字里行间的颇具共性的"基因密码"，一定有益于对体育协会组织本身加以抽象概括，辨伪识真，从而为人们认识体育协会的现实功能与改革路向提供一个有益的切入点，并可能有助于深化对体育协会在国家体育治理格局中位置角色的认识。

本书选取的三十部体育协会章程的基本情况如附表 1 所示。这些章程所附着的单项体育协会，既有夏季奥运会项目，也有冬季奥运会项目，还有非奥运会项目及我国传统的体育项目，应该说具有较好的代表性。而且，这些体育协会都是中华全国体育总会的团体会员。

附表 1　三十部单项体育协会章程概况

| 序号 | 章程名称 | 协会简称 | 制定日期 | 备注 |
| --- | --- | --- | --- | --- |
| 1 | 《中国足球协会章程》 | 中国足协 | 2015 年 12 月 18 日 | 夏奥项目 |
| 2 | 《中国篮球协会章程》 | 中国篮协 | 2017 年 2 月 23 日 | 夏奥项目 |
| 3 | 《中国排球协会章程》 | 中国排协 | 2001 年 7 月 30 日 | 夏奥项目 |
| 4 | 《中国乒乓球协会章程》 | 中国乒协 | 2009 年 2 月 26 日 | 夏奥项目 |
| 5 | 《中国羽毛球协会章程》 | 中国羽协 | — | 夏奥项目 |
| 6 | 《中国网球协会章程》 | 中国网协 | 2002 年 8 月 28 日 | 夏奥项目 |
| 7 | 《中国曲棍球协会章程》 | 中国曲协 | 2009 年 4 月 23 日 | 夏奥项目 |
| 8 | 《中国田径协会章程》 | 中国田协 | 2016 年 6 月 7 日 | 夏奥项目 |
| 9 | 《中国游泳协会章程》 | 中国游协 | 2003 年 12 月 3 日 | 夏奥项目 |

---

[1] 严红，刘家库. 我国体育协会章程与体育纠纷解决方式的研究：以足球协会章程研究为中心 [J]. 河北法学，2006 (3).

续表

| 序号 | 章程名称 | 协会简称 | 制定日期 | 备注 |
|---|---|---|---|---|
| 10 | 《中国体操协会章程》 | — | — | 夏奥项目 |
| 11 | 《中国举重协会章程》 | 中国举协 | — | 夏奥项目 |
| 12 | 《中国射击协会章程》 | — | 2009年7月30日 | 夏奥项目 |
| 13 | 《中国射箭协会章程》 | — | 2013年12月30日 | 夏奥项目 |
| 14 | 《中国马术协会章程》 | 中国马协 | 2014年1月20日 | 夏奥项目 |
| 15 | 《中国摔跤运动协会章程》 | 中国摔协 | — | 夏奥项目 |
| 16 | 《中国拳击协会章程》 | 中国拳协 | 2013年12月27日 | 夏奥项目 |
| 17 | 《中国柔道运动协会章程》 | 中国柔协 | — | 夏奥项目 |
| 18 | 《中国跆拳道协会章程》 | 中国跆协 | — | 夏奥项目 |
| 19 | 《中国击剑协会章程》 | — | 2014年3月14日 | 夏奥项目 |
| 20 | 《中国帆船帆板运动协会章程》 | 中国帆协 | 1999年1月 | 夏奥项目 |
| 21 | 《中国赛艇协会章程》 | — | — | 夏奥项目 |
| 22 | 《中国滑水协会章程》 | — | — | 夏奥项目 |
| 23 | 《中国滑冰协会章程》 | — | — | 冬奥项目 |
| 24 | 《中国滑雪协会章程》 | — | — | 冬奥项目 |
| 25 | 《中国冰球协会章程》 | 中国冰协 | 1996年12月13日 | 冬奥项目 |
| 26 | 《中国汽车运动协会章程》 | 中国汽联 | 2001年12月 | 非奥项目 |
| 27 | 《中国摩托运动协会章程》 | 中国摩协 | 1999年1月23日 | 非奥项目 |
| 28 | 《中国铁人三项运动协会章程》 | 中铁协 | 2014年3月10日 | 非奥项目 |
| 29 | 《中国龙狮运动协会章程》 | — | — | 非奥项目、中国传统体育项目 |
| 30 | 《中国武术协会章程》 | 中国武协 | 2005年11月11日 | 非奥项目、中国传统体育项目 |

## 一、体育协会的法律定位

体育协会的法律定位，是指体育协会章程中载明的体育协会的法律属性。其一般表现在体育协会章程的性质和宗旨条款上。概览各体育协会章程，尽管各章程对自身法律定位的用语不尽相同，但基本都包含共同的关键词，即"全国性、非营利性、体育类、社团法人"。如前所述，各单项体育协会都属于中华全国体育总会的团体会员，因此其"全国性""体育类"特性，自不必多言，但此中"非营利性"和"社团法人"之谓，尚有略加辨析的必要（见附图1）。

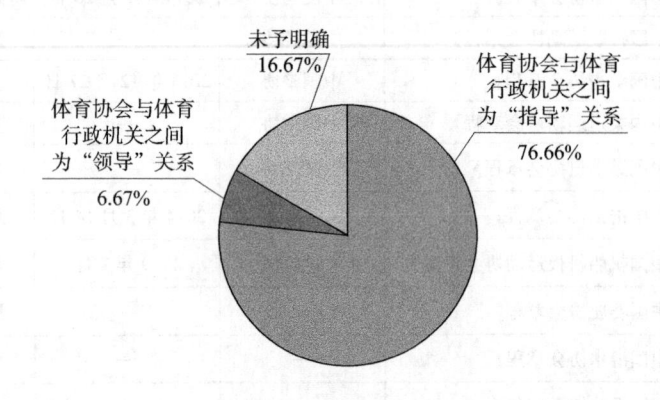

**附图1　体育协会与体育行政部门之间不同"关系"比例**

非营利法人，不向其成员分配取得的利润是其重要特征。作为非营利性组织，体育协会的成立和存在的目的不在于追求利润，但像足球协会、网球协会等事实上会产生巨额利润，加上会员会费，有些体育协会甚至可能有高额财务盈余，但这种盈余不得在会员中间分配，也不能在管理者中间分配。在这一点上，绝大多数体育协会章程都有专门条款予以规定。例如，《中国足球协会章程》第63条第2项规定："本会经费应当用于本章程规定的业务范围和事业的发展，不得在会员中分配。"《中国篮球协会章程》规定更具体、明确："本会系公益性社会团体，不以为自身获取经济利益为目的，本会的资产和经济收益只能用于为实现本会宗旨相关的活动""结余经费原则上不得在会员中进行分配。"

作为法律概念，"社团法人"是指"为追求共同目的而结成的具有法人资格的人合团体"[1]。这一界定，区别于体现财产集合的"财团法人"，

---

[1] 朱庆育. 民法总论［M］. 北京：北京大学出版社，2016：428.

如基金会等。事实上,"社团法人"和"财团法人"的对称,是高度学理化的法人分类。1986年的《中华人民共和国民法通则》仅把法人分为了机关法人、企业法人、事业单位法人和社会团体法人。因此,就本义而言,各部章程中的"社团法人"似乎更可能是"社会团体法人"的简称。不过《社会团体登记管理条例》(1998年)对"社会团体"的界定是"中国公民自愿组成为实现会员共同意愿,按照其章程开展活动的非营利性社会组织"。这表示《社会团体登记管理条例》(1998年)中的"社会团体"指的是"社团法人",而不包括"财团法人"。2017年10月1日将要施行的《中华人民共和国民法总则》(以下简称《民法总则》),在社会团体法人之外设置了"捐助法人",用以指称学理上的"财团法人"。因此,现在所谓社会团体法人就是指社团法人。

## 二、体育协会与国家公共权力的关系

体育协会作为行业自治组织,如何处理自治与法治、自律与他律的关系,是其运行实践中的一个永恒主题。这一主题,必然反映在作为体育协会立身之本的章程之中。以下,本书选取几个观测点,试图从各协会章程文本中,感受体育协会章程和体育协会自治实践存在的密切关联。

### (一) 与国家法律规范的关系

体育协会章程与国家法的关系,首先表现在章程中的性质、宗旨、职责等部分的"自我宣示性"规定中。这些规定界分了协会的自治边界:边界之内属于体育协会的自治空间,国家法律一般不予干涉;边界之外则不能脱离国家法律的管辖。但对如何在国家法律与自治章程之间划出合适的界限,不仅理论上存在极大争议,实践中不同的体育协会章程对此也有截然不同的规定。

例如,《中国足球协会章程》第3条第1项称,"中国足协作为独立法人,遵守中华人民共和国宪法、法律、法规和国家政策,依法自主开展活动",但同时第3条第2项也规定,"根据法律授权和政府委托管理全国足球事务"。这种自身颇具矛盾色彩的规定，说明中国足球协会仍然"摇摆"于自治与法治之间，不知如何"拿捏"分寸。总体而言，各体育协会章程一般都明确宣布认同国家法律的权威性。

## （二）与国家行政机关的关系

体育协会与国家行政机关，特别是与国家体育总局之间的关系，当然是描绘单项体育协会面相的一个重要观测点（见附表2）。

附表2  体育协会章程规定的与国家体育行政部门的关系情况

| 内容 | 协会简称（名称） | 数量/个 | 比例/% |
| --- | --- | --- | --- |
| 规定接受国家体育行政部门"指导"的协会 | 中国龙狮运动协会、中铁协、中国摩协、中国汽联、中国帆协、中国击剑协会、中国跆协、中国柔协、中国拳协、中国摔协、中国马协、中国射箭协会、中国射击协会、中国举协、中国游协、中国田协、中国曲协、中国网协、中国羽协、中国乒协、中国排协、中国篮协、中国足协 | 23 | 76.67 |
| 规定接受国家体育行政部门"领导"的协会 | 中国滑冰协会、中国滑雪协会 | 2 | 6.67 |
| 未予明确的协会 | 中国武协、中国冰协、中国赛艇协会、中国滑水协会、中国体操协会 | 5 | 16.67 |

综观各体育协会章程，76.66%的章程都规定："接受国家体育总局、民政部的业务指导和监督管理。"这表明：一是多数体育协会明确与国家体育总局之间是业务上的指导与被指导的关系，而非领导与被领导的上下级关系；二是也有如《中国滑冰协会章程》《中国滑雪协会章程》直接宣称："受国家体育总局的领导，并受民政部的业务指导和监督管理"；三是中国体操协会等占比为16.67%的几部体育协会章程没有明确与国家体育行政部门之间的关系。另外值得强调的是，虽然各章程几乎都宣布接受国家民政部的监督，但事实上，作为登记管理机关，民政部对各单项体育协会的监督处于缺位状态。

还有从某些协会章程的其他规定用语中或许也能窥见一些衡量体育协会与国家行政机关之间关系的信息。例如，《中国游泳协会章程》在其第7条主要职责中明确规定："根据国家体育行政主管部门要求和国际游泳运动的发展现状，全面负责本项目的业务管理……"《中国乒乓球协会章程》在"业务范围"部分规定："拟定有关乒乓球教练员、运动员管理制度、竞赛制度，报请国家体育行政主管部门批准后施行。"类似地，《中国拳击协会章程》规定，"研究、拟定拳击运动项目的竞赛制度，对拳击竞赛体制、竞赛规程、裁判法提出完善、修改建议，报体育行政主管部门批准后实施"，而几乎同样的规定在《中国柔道运动协会章程》《中国滑冰协会章程》《中国滑雪协会章程》中也可见到。新近通过的《中国篮球协会章程》在其"职责"部分也规定："完成国家体育总局或其职能部门、中华全国体育总会、中国奥林匹克委员会交办的其他工作。"以上这种情况表明，一些体育协会是把自己置于国家体育总局统一管理之下。

（三）与国家司法审查的关系

从收集的三十部单项体育协会章程看，《中国足球协会章程》和《中国田径协会章程》（以下简称《章程》）涉及了纠纷处理问题；《中国足球协会章程》明确规定相关纠纷排除国家司法审查。《中国足球协会章程》第11条第2项要求会员在提出会员申请时承诺："保证不将在国际足联、亚足联和本会章程规定范围内的争议诉至民事法庭，国际足联、亚足联和本会章程另有规定的除外。"另根据该《章程》第51条规定，中国足球协会及其管辖范围内的足球组织和足球从业人员不将任何争议诉诸法院，所有争议应提交中国足球协会或国际足联的有关机构。该《章程》第52条第2项还规定："在不违反我国有关法律法规的前提下，本会及本会管辖范围内的足球组织和足球从业人员均应服从国际足联相关机构或体育仲裁法庭作出的所有终审决定。"

可资对比的是，虽然《中国田径协会章程》专设"国际义务"一章并规定了争议处理问题，但并未明确规定纠纷不接受国家司法审查。例如，其第46条第5项规定："除了在特指的规则中有所提及的争议外，其他所有与运动员、运动员的服务人员和本会人员发生的争议，无论与兴奋剂是否有关，都必须向听证小组或由本会认可的有关组织提交举行听证会的申请。"

《体育法》（2016年修订）第32条第1款规定："在竞技体育活动中发生纠纷，由体育仲裁机构负责调解、仲裁。"因此，体育协会章程规定竞技体育争议申请体育仲裁，体现的是体育协会成员之间的契约合意，其正当性并无问题。但由于我国体育仲裁制度尚未依法确立，因此，《中国足球协会章程》的上述有关规定缺少法律依据。如此看来，落实《体育法》有关规定、建立中国体育仲裁制度已经非常迫切。需要说明的是：其一，根据《中华人民共和国立法法》第8条规定，体育仲裁制度属于"法律保留"事项，其设立必须由全国人民代表大会及其常委会制定法律，而不能由国务院以行政法规的形式作出规定；其二，体育仲裁的事项应仅限于竞技体育纠纷，非竞技体育纠纷不应脱逃司法审查。

（四）社团处罚的设定

体育协会章程中的社团处罚，是指规定在协会章程中的，拟对社团成员违反体育协会章程的行为给予的制裁。从三十部单项体育协会章程看，规定处罚内容的并不多。只有《中国足球协会章程》《中国拳击协会章程》和《中国汽车运动联合会章程》《中国滑水协会章程》四部章程有所规定，占比仅为13.33%。例如，《中国足球协会章程》第49条设置了专门的"罚则"条款，其中包括"禁止转会""禁止从事任何与足球有关的活动""禁止进入体育场（馆）"等。《中国拳击协会章程》甚至设置专章规定了十三类"处罚"形式，其中包括警告、通报批评等较轻的处罚，也包括取消运动员资格、取消助手资格、禁止运动员参加将来的比赛或一定期限内的比赛、禁止参加任何拳击活动等较重的处罚。《中国汽车运动联合会章程》也在第9章设置了"违章处罚"，处罚种类包括警告、经济制裁、终止会员权利、除名等。《中国滑水协会章程》规定了取消比赛成绩、停赛等处罚。

为了维护社团自治秩序，一定种类和数量的"社团罚"有其必要性。但在现代法治社会，社团处罚不能侵犯公民的基本权利，其设定和实施都必须迈过"法治之门"。例如，社团处罚的设定必须遵守《中华人民共和国行政处罚法》中"处罚法定"的规定；其实施也不得违反比例原则、正当程序原则。例如，《中国足球协会章程》规定的"制定和执行上述纪律处罚，不得违反中华人民共和国有关法律规定"，这里的"有关法律规定"应理解为不仅包括明确的法律规则，也包括法律原则、法治精神。

### （五）章程的效力、修改与协会终止的外部程序

根据附表3可见，83.33%的体育协会章程规定，协会章程要经过国家有关机关的"核准"始能生效。所谓"核准"，其实就是"审核批准"之意。相似地，协会章程的修改，除了在协会内部，须经会员大会（会员代表大会）以绝对多数赞成票通过外，在协会外部也需要"经业务主管单位审查同意，并报社团登记管理机关核准"。这里报业务主管单位同意和报社团登记机关核准是一个程序的先后两个步骤，规定这一先后程序的占76.67%。值得注意的是，较新制定的《中国足球协会章程》规定，"本会修改的章程，应符合国家有关法律法规的规定"，并未规定须经有关部门核准。当然，有的章程，如《中国体操协会章程》，亦未规定章程修订须经主管机关同意或批准，但这并不说明其独立性更强，很可能恰恰反映了其章程本身存在内容缺陷——因为它根本未曾涉及这一议题。

附表3 体育协会章程规定的章程效力、修改与协会终止的外部程序

| 序号 | 章程名称 | 章程生效须经社团登记机关核准 | 章程修订须经业务主管单位审查同意 | 章程修订须报社团登记管理机关核准 | 终止动议须报业务主管单位审查同意 |
|---|---|---|---|---|---|
| 1 | 《中国足球协会章程》 | √ | 未规定此事项 | | — |
| 2 | 《中国篮球协会章程》 | √ | 未规定此事项 | | — |
| 3 | 《中国排球协会章程》 | √ | √ | √ | √ |
| 4 | 《中国乒乓球协会章程》 | √ | √ | √ | √ |

续表

| 序号 | 章程名称 | 章程生效须经社团登记机关核准 | 章程修订须经业务主管单位审查同意 | 章程修订须报社团登记管理机关核准 | 终止动议须报业务主管单位审查同意 |
|---|---|---|---|---|---|
| 5 | 《中国羽毛球协会章程》 | √ | √ | √ | √ |
| 6 | 《中国网球协会章程》 | √ | 未规定此事项 | | √ |
| 7 | 《中国曲棍球协会章程》 | √ | √ | √ | √ |
| 8 | 《中国田径协会章程》 | √ | √ | √ | √ |
| 9 | 《中国游泳协会章程》 | √ | √ | √ | √ |
| 10 | 《中国体操协会章程》 | 未规定此事项 | | | |
| 11 | 《中国举重协会章程》 | √ | √ | √ | — |
| 12 | 《中国射击协会章程》 | √ | √ | √ | √ |
| 13 | 《中国射箭协会章程》 | √ | √ | √ | √ |
| 14 | 《中国马术协会章程》 | √ | √ | √ | √ |
| 15 | 《中国摔跤运动协会章程》 | √ | √ | √ | √ |
| 16 | 《中国拳击协会章程》 | √ | √ | √ | √ |
| 17 | 《中国柔道运动协会章程》 | √ | √ | √ | √ |
| 18 | 《中国跆拳道协会章程》 | √ | √ | √ | √ |
| 19 | 《中国击剑协会章程》 | √ | √ | √ | √ |
| 20 | 《中国帆船帆板运动协会章程》 | √ | √ | √ | √ |
| 21 | 《中国赛艇协会章程》 | — | 未规定此事项 | | |
| 22 | 《中国滑水协会章程》 | — | — | — | — |
| 23 | 《中国滑冰协会章程》 | √ | √ | √ | √ |
| 24 | 《中国滑雪协会章程》 | √ | √ | √ | √ |
| 25 | 《中国冰球协会章程》 | — | — | — | — |
| 26 | 《中国汽车运动协会章程》 | √ | √ | √ | √ |
| 27 | 《中国摩托运动协会章程》 | √ | √ | √ | √ |
| 28 | 《中国铁人三项运动协会章程》 | √ | √ | √ | √ |
| 29 | 《中国龙狮运动协会章程》 | √ | √ | √ | √ |
| 30 | 《中国武术协会章程》 | — | √ | √ | √ |
| | 占比/% | 83.33 | 76.67 | 76.67 | 83.33 |

协会终止程序也是观察体育协会与国家公共权力之间关系的一个重要"窗口"。例如,《中国田径协会章程》第42条规定:"本会终止动议须经会员代表大会表决通过,并报业务主管单位审查同意。"有类似规定的协会章程占全部章程的83.33%。可资对比的是,《中国足球协会章程》中没有提到协会终止须经业务主管单位审查同意,只是规定"本会在社团登记管理机关办理注销登记手续后即为终止"。《中国篮球协会章程》也只规定终止程序须履行协会内部程序(报经全国代表大会2/3以上会员代表,表决通过后方为有效)。除此而外,并无"须经国家行政机关'核准'"的意思表示。这对其他单项体育协会未来改革具有"风向标"意义。

## 四、体育协会的内部治理结构

与国家宪法极为类似,各体育协会章程的内容主要包括两部分:一是协会会员的权利和义务;二是协会内部组织的职权及其运行机制,即内部治理结构。各体育协会章程对会员的权利和义务的规定大体相同,其文本本身分析的价值不大。本书主要评议各体育协会章程中有关内部治理结构的相关规定。

### (一)会员大会(会员代表大会)

将于2017年10月1日生效的《民法总则》第91条第1、2款规定:"设立社会团体法人应当依法制定法人章程。社会团体法人应当设会员大会或者会员代表大会等权力机构。"综观本书搜集的三十部单项体育协会章程,各体育协会章程大都规定协会的权力机构是会员大会(会员代表大会);但亦不尽然,中国滑水协会、中国冰球协会的最高权力机构称为"全国委员会";而中国体操协会、中国篮球协会、中国赛艇协会的最高权力机构则称为"全国代表大会"(即全国会员代表大会)。在《中国足球协会章程》中还规定了一种"特别会员大会",意为"为履行特殊职责,在必要情况下,由执委会提议而临时召开的会员大会"。

会员大会作为单项体育协会最高权力机构，较为有法律意蕴的是会员大会法定出席人数和议决最少票数的规定（见附图2和附图3）。根据笔者的观察，各体育协会对法定出席人数的规定一般是全体会员的2/3以上，但执行并不严格，多有变通规定。例如，根据《中国足球协会章程》，中国足协会员大会应有2/3以上的会员出席方能召开，但其同时又规定，如到会代表不足法定人数，应在2日内再次召开会员大会；如到会代表仍然不足法定人数，可以直接召开会员大会，但要求到会代表人数应超过全体会员半数（见附表4）。

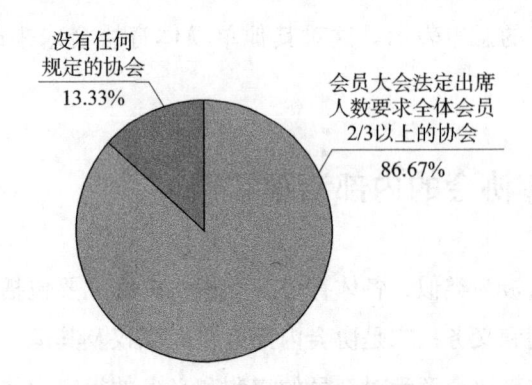

**附图2　会员大会议法定出席人数比例**

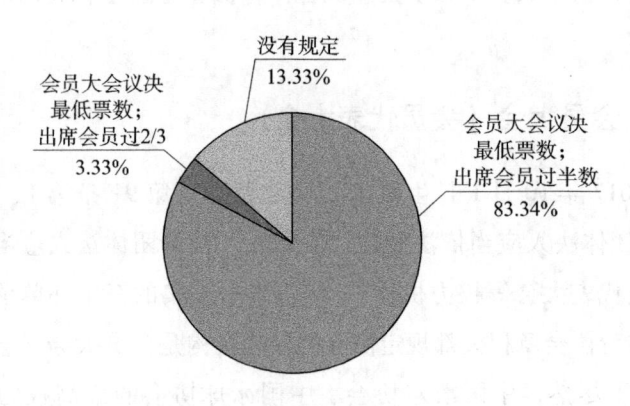

**附图3　会员大会议决最低票数比例**

附表4  会员大会法定出席人数与议决最低票数的规定情况

| 内容 | 协会简称（名称） | 数量/个 | 比例/% |
| --- | --- | --- | --- |
| 会员大会法定出席人数要求全体会员2/3以上的协会 | 中国武协、中国龙狮运动协会、中铁协、中国摩协、中国汽联、中国帆协、中国滑冰协会、中国滑雪协会、中国击剑协会、中国跆协、中国柔协、中国拳协、中国摔协、中国马协、中国射箭协会、中国射击协会、中国举协、中国游协、中国田协、中国曲协、中国网协、中国羽协、中国乒协、中国排协、中国篮协、中国足协 | 6 | 86.67 |
| 会员大会议决最低票数要求到会会员半数以上的协会 | 中国武协、中国龙狮运动协会、中铁协、中国摩协、中国汽联、中国帆协、中国滑冰协会、中国滑雪协会、中国击剑协会、中国跆协、中国柔协、中国拳协、中国摔协、中国马协、中国射击协会、中国举协、中国游协、中国田协、中国曲协、中国网协、中国羽协、中国乒协、中国排协、中国足协 | 4 | 80.00 |
| 会员大会议决最低票数要求到会会员2/3以上的协会 | 中国射箭协会、中国篮协 | 2 | 3.33 |
| 没有任何规定的协会 | 中国冰协、中国滑水协会、中国体操协会、中国赛艇协会 | 4 | 13.33 |

从图3可见，80.34%的协会章程对会员大会决议通过的票数规定是与会会员得过半数。这个要求显然不高。如果结合会员大会最低法定出席人数（如中国足协的1/2）的要求，事实上，极端情况下，最低全体会员的过1/4票数即可通过会员大会的决议；即使是要求全体会员2/3以上出席方得开会的协会，也有可能仅以全体会员过1/3票数就能通过会员大会的决议。显然，不论是全体会员的过1/4，还是过1/3，都没有超过全体会员的半数。这使重大事项决定权实际可能并未体现多数人的意志，从而缺失正当性。此外，还有13.33%的协会章程既无法定出席人数的规定，也无最低议决票数的规定。

当然。几乎所有章程都规定，对章程修订、协会合并、终止或解散的决议，须经与会会员2/3多数表决通过后方为有效。较为特别的是《中国赛艇协会章程》规定，章程修订不仅须有 2/3 以上有表决权的团体会员参会，而且要求有表决权的团体会员 3/4 以上同意方得通过。

## （二）会员大会的执行机关（常务机关）

从各单项体育协会章程看，一般都规定会员大会（会员代表大会）系协会最高权力机构。但由于召开全国会员大会（会员代表大会）的成本高昂，因此一般又都设有负责"常务工作"的执行机构（见附表5）。

附表5 体育协会章程规定的权力机构、执行机构和常务机构情况

| 序号 | 协会名称 | 权力机构名称 | 执行机构名称 | 常务机构名称 |
|---|---|---|---|---|
| 1 | 中国足球协会 | 会员大会 | 执委会 | — |
| 2 | 中国篮球协会 | 全国代表大会 | 理事会 | — |
| 3 | 中国排球协会 | 会员代表大会 | 全国委员会 | 执行委员会及其常务委员会 |
| 4 | 中国乒乓球协会 | 会员代表大会 | 委员会 | 常务委员会 |
| 5 | 中国羽毛球协会 | 会员代表大会 | 委员会 | — |
| 6 | 中国网球协会 | 全国会员代表大会 | 委员会 | 常务委员会 |
| 7 | 中国曲棍球协会 | 全国会员代表大会 | 全国委员会 | 执行委员会 |
| 8 | 中国田径协会 | 会员代表大会 | 委员会 | 常务委员会 |
| 9 | 中国游泳协会 | 会员代表大会 | 全国委员会 | — |
| 10 | 中国体操协会 | 全国代表大会 | 全国委员会 | — |
| 11 | 中国举重协会 | 会员代表大会 | 执行委员会 | — |
| 12 | 中国射击协会 | 会员代表大会 | 全国委员会 | 常务委员会 |
| 13 | 中国射箭协会 | 会员代表大会 | 委员会 | 常务委员会 |
| 14 | 中国马术协会 | 会员代表大会 | 理事会 | 常务理事会 |
| 15 | 中国摔跤运动协会 | 会员大会（或会员代表大会） | 理事会 | 常务理事会（理事人数较多时） |
| 16 | 中国拳击协会 | 会员代表大会 | 理事会 | — |
| 17 | 中国柔道运动协会 | 会员大会（或会员代表大会） | 执委会 | 常务执委会（执委人数较多时） |
| 18 | 中国跆拳道协会 | 会员代表大会 | 执委会 | — |
| 19 | 中国击剑协会 | 会员代表大会 | 理事会 | 常务理事会 |
| 20 | 中国帆船帆板运动协会 | 会员代表大会 | 常务委员会（或秘书处） | — |
| 21 | 中国赛艇协会 | 全国代表大会 | 执行委员会 | — |
| 22 | 中国滑水协会 | 全国委员会 | 常委会 | — |
| 23 | 中国滑冰协会 | 会员大会 | 理事会 | 常务理事会 |

续表

| 序号 | 协会名称 | 权力机构名称 | 执行机构名称 | 常务机构名称 |
|---|---|---|---|---|
| 24 | 中国滑雪协会 | 会员代表大会 | 理事会 | 常务理事会（理事人数较多时） |
| 25 | 中国冰球协会 | 全国委员会 | 常务委员会 | — |
| 26 | 中国汽车运动协会 | 会员代表大会 | 委员会 | — |
| 27 | 中国摩托运动协会 | 会员大会 | 理事会 | 常务理事会 |
| 28 | 中国铁人三项运动协会 | 会员代表大会 | 理事会 | 常务理事会 |
| 29 | 中国龙狮运动协会 | 会员代表大会 | 委员会 | 执行委员会 |
| 30 | 中国武术协会 | 会员代表大会 | 常务委员会 | — |

从章程看，各单项体育协会的执行机构也是以会议形式行使职权的，而且，相比权力机构的会员代表大会，执行机构召开会议的法定人数和最低议决票数都要求较高。一般地，执行机构会议都要求有超过2/3的成员参加方能召开，决议须经全体与会成员2/3以上表决同意方能生效，即多数单项体育协会执行机构法定出席人数和议决最低票数执行"两个2/3"的规定（见附图4和附图5），但也有《中国足球协会章程》《中国游泳会章程》等规定最低议决票数为过半数即为有效。《中国足球协会章程》还规定，在执委会投票表决时，如遇票数相等，主席有最终决定权（见附表6）。

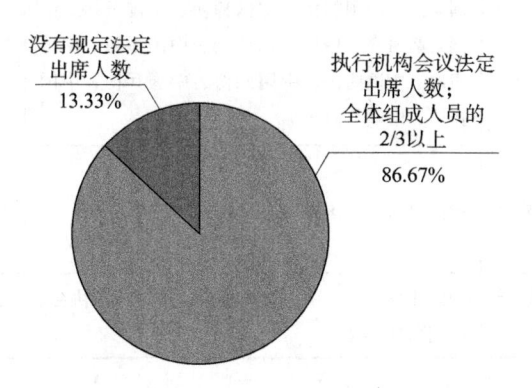

附图4 执行机构法定出席人数比例

第四季度　第一季度

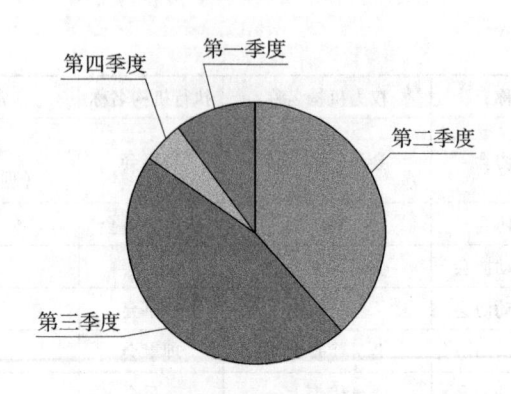

第二季度

第三季度

**附图5　执行机构议决最低票数比例**

**附表6　执行机构会议法定出席人数与议决最低票数的规定情况**

| 内容 | 协会简称（名称） | 数量/个 | 比例/% |
| --- | --- | --- | --- |
| 执行机构会议法定出席人数：全体组成人员的2/3以上 | 中国武协、中国龙狮运动协会、中铁协、中国摩协、中国汽联、中国帆协、中国滑冰协会、中国滑雪协会、中国击剑协会、中国跆协、中国柔协、中国拳协、中国摔协、中国马协、中国射箭协会、中国射击协会、中国举协、中国游协、中国田协、中国曲协、中国网协、中国羽协、中国乒协、中国排协、中国篮协、中国足协 | 26 | 86.67 |
| 执行机构会议议决最低票数：与会人员的2/3以上 | 中国武协、中国龙狮运动协会、中铁协、中国摩协、中国汽联、中国帆协、中国滑冰协会、中国滑雪协会、中国击剑协会、中国跆协、中国柔协、中国拳协、中国摔协、中国马协、中国射箭协会、中国射击协会、中国举协、中国田协、中国曲协、中国网协、中国乒协、中国排协、中国篮协 | 24 | 80.00 |
| 执行机构会议议决最低票数：与会人员过半数 | 中国足协、中国游协 | 2 | 6.67 |
| 法定出席人数、最低议决票数都没有规定 | 中国体操协会、中国赛艇协会、中国滑水协会、中国冰球协会 | 4 | 13.33 |

值得讨论的是，超过一半的单项体育协会在执行机构之外，另设了执行机构的"常务机构"（性质上仍然属于执行机构），行使执行机构的部分

职权。这在机构设置上，颇显叠床架屋。例如，《中国游泳协会章程》中的"常委会"就是其"全委会"的常务机构，但对比其"全委会"和"常委会"各自的职权，全委会存在的意义似乎不大，因为甚至修改章程这样的"大事儿"，都可越过全委会而由常委会直接操办。❶

总体而言，除中国足协等少数协会外，各单项体育协会的执行机构无论是在会议法定出席人数方面，还是在最低议决票数方面，都比权力机构要求更严，基本实现了作出的决议都能得到多数支持。当然，也仍然有四个协会章程对执行机构的法定出席人数和议决最低票数均无任何规定。

### （三）常设办事机构

综观各体育协会章程，秘书处是体育协会内部治理中的一个重要角色。各体育协会较普遍设立"秘书处"作为常设办事机构，处理日常工作，但亦不尽然，如《中国排球协会章程》规定，执行委员会常委会管理本会常设办事机构，处理本会的日常事务。

较为特殊的是，还有一些体育协会仍然规定其秘书处设在挂靠单位业务主管部门。例如，《中国游泳协会章程》第20条第2款明确规定："根据国家体育总局赋予的职能，国家体育总局游泳运动管理中心是中国游协的常设办事机构，承担本协会秘书处职责。"相似规定还可见于《中国滑雪协会章程》（国家体育总局冬季运动管理中心滑雪部是该协会的常设办事执行机构，承担协会秘书处职责）、《中国赛艇协会章程》（国家体育总局水上运动管理中心是该协会的常设办事机构，承担秘书处职责）。此外，《中国跆拳道协会章程》第15条简单规定："秘书处设在挂靠单位业务主管部门。"这种情况显然是政社不分时代的特殊历史产物。可以预见，为推进单项体育协会改革，促进单项体育协会的独立，类似这样的规定，将来终究会被修改。新颁布的《中国篮球协会章程》删去了原章程中"国家体育总局篮球运动管理中心是中国篮球协会的常设办事机构，承担协会秘

---

❶ 《中国游泳协会章程》第38条规定："章程的修改，须经常委会表决通过后报会员代表大会审议。"

书处职责"的规定。此前,国家体育总局篮球运动管理中心既是具有篮球项目行政管理职能的事业单位,又是中国篮球协会的办事机构。

## (四) 法定代表人

各单项体育协会的行为能力是通过法定代表人实现的。《民法总则》(2017年)第91条第3款规定:"社会团体法人应当设理事会等执行机构。理事长或者会长等负责人按照法人章程的规定担任法定代表人。"同时,根据《社会团体登记管理条例》(2016年修订)的有关规定,法定代表人系社会团体登记事项之一。可见,法定代表人是单项体育协会章程中的必有"自治"事项。从统计情况看,60%的章程规定,由主席担任协会法定代表人(中国摔跤协会的理事长相当于主席);26.67%的章程规定,由秘书长担任法定代表人(见附表7和附图6)。这反映了不同协会中相关领导人员的实际重要程度不同。例如,新近发布的《中国篮球协会章程》修改了原章程中秘书长是法定代表人的规定,明确主席为法定代表人,增强了主席的实际管理权限。另外,尚有13.33%的章程未规定法定代表人事项,反映一些体育协会内部治理还有不完善的地方。

附表7 法定代表人情况

| 内容 | 协会简称(名称) | 数量/个 | 比例/% |
| --- | --- | --- | --- |
| 主席担任法定代表人的协会 | 中国武协、中国龙狮运动协会、中铁协、中国摩协、中国汽联、中国击剑协会、中国跆协、中国柔协、中国拳协、中国摔协(理事长)、中国马协、中国射箭协会、中国射击协会、中国曲协、中国羽协、中国乒协、中国篮协、中国足协 | 18 | 60 |
| 秘书长担任法定代表人的协会 | 中国帆协、中国滑冰协会、中国滑水协会、中国滑雪协会、中国游协、中国田协、中国网协、中国排协、 | 8 | 26.67 |
| 未规定法定代表人的协会 | 中国体操协会、中国举协、中国冰球协会、中国赛艇协会 | 4 | 13.33 |

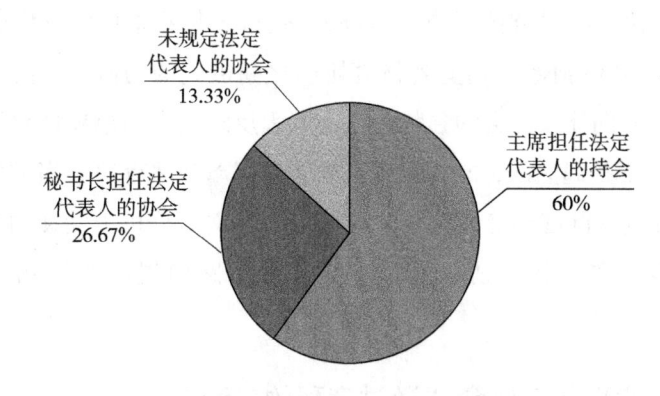

**附图6 体育协会法定代表人规定情况比例**

部分章程对法定代表人事项另有一些特殊规定。例如，《中国网球协会章程》第28条规定："本协会法定代表人由秘书长担任，但需报业务主管单位审查和社团登记管理机关批准同意后，方可担任。"再如，《中国乒乓球协会章程》第27条第2款规定："如因特殊情况需由副主席或秘书长担任法定代表人，应报业务主管单位审查并经社团登记管理机关批准同意后，方可担任。"《中国滑冰协会章程》《中国拳击协会章程》等也有类似规定。

笔者认为，其一，单项体育协会的法定代表人，完全可以由协会章程确定，国家公共权力没有必要干涉；其二，单项体育协会的法定代表人可以多元化，既可由协会主席担任，也可由秘书长或副主席担任，但应在章程中载明。

总之，内部治理结构反映体育协会作为一个组织，其内部各机构之间的权威关系，不同的权威关系，有着不同的治理结构。通过上述梳理可以看到，在一个规模较大的组织体中，由于"委托—代理"关系必然存在，因此掌握协会内外更多信息的所谓执行机构，甚至处理日常事务的办事机构，往往"大权在握"。

## 五、结论与建议

通过对三十部单项体育协会章程文本的实证分析，我们获得了一个关于单项体育协会的"群体画像",同时也获得了某些单项体育协会的"个体画像"。"群体画像"透露各体育协会之间极大的相似性,而"个体画像"则反映不同体育协会的独特性。由章程反映出来的单项体育协会的当前"画像"不是偶然的,它深刻地反映了我国单项体育协会当前的总体状况,有着深刻的制度环境和背景。根据以上在文本分析中发现的问题,笔者试着对我国单项体育协会功能变迁和改革路向提出如下几点思考与建议。

### (一) 实现体育协会"通过章程的自治"

首先,要制定一部"好"的章程。在与行政机构脱钩之后,如何走向并实现"通过章程的自治",将是中国各单项体育协会面临的重要议题。因此,制定一部能够反映协会绝大多数成员的意志、结构均衡合理、内容合法适当的章程将是各协会面临的一项重要任务。而且,由于章程连接自治与法治、自律与他律,因此如何在国家治理之下保持体育协会"因事制宜"的灵活性、如何激发体育协会的内在活力和发展动力,是体育协会章程需要处理的头等大事,同时也是体育协会改革的重要议题。

其次,要树立体育协会章程的至上权威。当前,有的体育协会章程看似基本条款完备、必要内容齐全,但事实上形同虚设。运行实践中,章程基本是摆设,或者被"打入冷宫",不被重视和运用;体育协会主要看体育行政机关的脸色行事。所谓的实现"通过章程的治理",对某些体育协会而言,仍是"水中花、镜中月"。因此,要实现体育协会的高度组织化和自治化,完成体育协会改革的重要目标,就必须树立"章程至上"的纲领意识和遵照章程治理的规范意识。从功能视角讲,章程既是体育协会治理的基本规范和"总括性"依据,也是阻隔国家行政机关跨越协会内部治理结构直接干预协会内部事务的"大坝"。

### (二) 完善体育协会法人治理结构

首先,各单项体育协会的党组织尚不健全,不能满足从严治党的时代需要。新近施行的《中国篮球协会章程》的亮点在于成立党委,党委书记由行业主管部门指派,接受国家体育总局党组领导。可以预见,在各单项体育协会中,根据《中国共产党章程》的规定,设立中国共产党的组织,开展党的活动,加强党的领导,将成为各体育协会内部治理的"新常态"。

其次,由于现实原因,决策权被执行权僭越。会员大会(会员代表大会)的职权事实上被执行机构行使大部分,而执行机构的职权又被处理日常工作的办事机构"窃取"。要改变目前这种事实上多数人意志为少数人意志所决定的状况,只要对会员大会(会员代表大会)的议事规则略加改变即可:①会员大会有2/3以上的会员出席,始得举行;②会员大会的决议,应以全体会员的过半数通过;③章程修订、协会合并、终止或解散的决议,应以全体会员的2/3以上的多数通过。这样的修改,既保证了作为权力机构的会员大会多数人参会的庄严性,又保证了议决事项能够获得多数会员赞同。对体育协会执行机构的议事规则,亦建议做类似修改,以保证实现"多数人的民主"。

最后,各体育协会目前都没有设立监督机构,普遍缺乏决策权、执行权和监督权"三权分立"机制。建议各体育协会设立规模适中、结构合理的监事会,行使对执行机构组成人员、主席、秘书长等的执行、管理行为及协会财务进行监督的权力。

总之,《民法总则》(2017年)对社会组织法人治理结构做了明确规定,各体育协会也要健全以章程为核心的法人治理结构和运行机制,落实民主选举、民主决策和民主管理,健全内部监督机制,真正成为权责明确、运转协调、制衡有效的法人主体。[1]

## (三) 消灭自治"赤字"、抑制自治过度

从章程文本看,总体而言,我国各单项体育协会有了一定的独立性,在部分事项范围内,体育协会获得了一定的执行权和授权范围内的治理权。但观察纳入考察范围的三十部体育协会章程,从"国家—社会"这一关系视角而论,仍然没有祛除强势国家与弱势协会的"魅影"。有些体育

---

[1] 鲍绍坤. 社会组织及其法制化研究 [J]. 中国法学, 2017 (1).

协会对行政权力的依赖仍然较大，还有着鲜明的官办色彩，自治程度较低。对这一部分协会，其改革的路向是消灭自治"赤字"，减少对国家行政机关的依附性，提高其独立性。

与此同时，有些体育协会章程规定了一些似乎不应规定的内容，显得自治过度。例如，《中国网球协会章程》规定："接受运动员转会的单位，应向运动员所属单位支付转会费。"这一规定涉及转会主体三方签订合同的内容。理论上讲，协会章程只对协会会员有约束力，对作为非会员的"接受运动员转会的单位"的强制性约束显然超出了协会的自治范围。仍以《中国网球协会章程》为例，其第46条第2项规定："未经中国网协或有关会员单位允许，任何媒体不得擅自进行广播、报道、电视播送和采访。"这一规定的内容不仅涉及第三方，而且涉及新闻自由。这种对基本权利进行限制的合性法和正当性都值得认真检讨。此外《中国排球协会章程》也设专章规定了"比赛、表演活动的转播"。同样地，这些内容亦不宜由章程规定。

### （四）提高承担公共责任的能力

按照法团主义理论，政府和民间团体面对并要负责的对象都是社会公众，因此它们同样肩负着社会"公共"责任。[1]体育协会的公共属性，意味着体育协会不仅属于体育协会全体成员，还属于整个社会。根据《社会团体登记管理条例》修订释放出来的信号，我国社会组织双重管理体制行将终结。体育协会将逐渐脱离业务指导行政机关的"怀抱"，获得更多的独立性。但是，体育协会的改革，不是一个"独立"即可一了百了的。转型后的单项体育协会要切实肩负起作为体育社会组织的公共责任，这将面临长期而艰难的考验。

为此，单项体育协会须向内向外同时用力。向内，要建立起协会成员的民主表达机制、多数票决的民主决策机制和"三权分立"的民主监督机制；向外，要通过章程建立起与国家体育行政部门、相关社会组织及其他

---

[1] 张静. 法团主义［M］. 北京：东方出版社，2015：15.

利害关系人的"多元参与"的共同治理机制。只有提高承担公共责任的能力，能够有效地影响国家体育政策时，才不枉体育协会的公共身份。这种公共身份，应使体育协会并不能完全以某一行业体育协会成员利益组织的方式存在，"它是一个通过行政方法将分散的小单位利益组织化，并传递到体制内的中介机制"[1]。总的来说，单项体育协会应该力求做到：在内部，对体育协会成员有动员能力；在外部，对国家体育政策制定有参与能力；此外，还应该在国家和体育协会成员之间有制度化的利益协调能力。

## 六、结语

体育协会章程是明确国家公共管理权力与协会自治权利之间关系的基础性文件。它也是完善体育协会法人治理结构、规范体育协会自治行为、保证体育协会自主管理权的重要保障。透过体育协会章程为体育协会"画像"，是一种新的认知模式和实践路径。体育协会章程既是各体育协会变革的产物，反映体育协会改革和发展的成果；同时又是体育协会进一步变革的前提基础和根本依据，为体育协会未来的改革和发展指示路径和方向。因此，认真对待体育协会章程，就是认真对待体育协会；要达成体育协会的"善治"，必须认真对待体育协会章程。

---

[1] 张静. 法团主义 [M]. 北京：东方出版社，2015：2.